ÄGYPTEN

Reisen mit MARCO POLO Insider-Tipps

MARCO POLO TOP-HIGHLIGHTS

ISLAMISCHE ALTSTADT 1

Eine Altstadt wie aus Tausendundeiner Nacht, mit Basaren, Toren, Moscheen und Marktschreiern. Orient pur – einfach toll

Tipp: Besonders schöne Motive gibt's in den Werkstätten der Kupfer- und Silberschmiede

➤ S. 43, Kairo

MOSCHEE IBN TULUN 2

Dieses Meisterwerk islamischer Baukunst in Kairo begeistert durch seine harmonisch geometrische Architektur

Tipp: Hoch die Treppe! Die schönsten Bilder der Moschee, mit viel Kairo im Hintergrund, schießt du vom Minarett

➤ S. 45, Kairo

PYRAMIDEN VON GIZEH 3

Die drei bekanntesten Monumente Ägyptens darf sich kein Besucher des Landes entgehen lassen

➤ S. 55, Kairo

MEMPHIS & SAQQARA 4

Die Stufenpyramide von Saqqara gilt als erstes monumentales Steinbauwerk der Menschheit

➤ S. 56, Kairo

TAL DER KÖNIGE 5

Ägyptens berühmteste Grabstätte: der Pharaonenfriedhof von Luxor

➤ S. 64, Oberägypten

KARNAK-TEMPEL 6

Ein überwältigendes Heiligtum in Luxor, kolossal ist der steinerne „Wald" aus 134 riesigen Säulen

📷 *Tipp: Die allabendliche Sound and Light Show lässt den Tempel in großartigen Lichteffekten erstrahlen*

➤ S. 67, Oberägypten

LUXOR-TEMPEL 7

Mitten im Stadtzentrum von Luxor: Riesenstatuen, die berühmte Sphingenallee und ein Obelisk

➤ S. 67, Oberägypten

ABU SIMBEL 8

Grandios und eindrucksvoll ist er, der Monumentaltempel von Ramses II. (Foto)

📷 *Tipp: Der Hausmeister posiert gegen ein kleines Trinkgeld gerne mit dem armlangen Tempelschlüssel*

➤ S. 77, Oberägypten

KATHARINENKLOSTER 9

Das Kloster steht nach der Überlieferung genau dort, wo Gott aus dem brennenden Dornbusch zu Moses sprach

📷 *Tipp: Von den Stufen, die auf den Mosesberg hinaufführen, überblickt man die Anlage am besten*

➤ S. 107, Sinai

EL-GOUNA 10

Schwimmen, Surfen, Kiten: romantisches Klein-Venedig mit eleganten Hotels direkt am Meer

➤ S. 122, Rotes Meer

INHALT

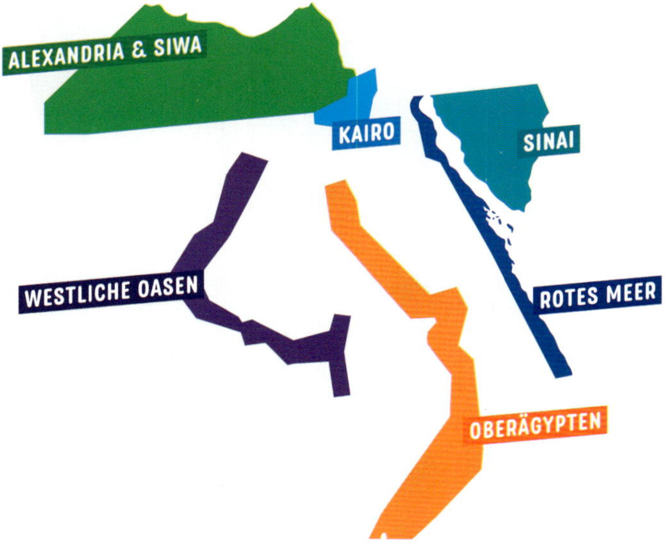
ALEXANDRIA & SIWA
KAIRO
SINAI
WESTLICHE OASEN
ROTES MEER
OBERÄGYPTEN

Besuch planen
€–€€€ Preiskategorien
(*) Kostenpflichtige Telefonnummer
Essen/Trinken
Shoppen
Ausgehen
Top-Strände

(A2) Herausnehmbare Faltkarte
(a2) Zusatzkarte auf der Faltkarte
(0) Außerhalb des Faltkartenausschnitts

BESSER PLANEN MEHR ERLEBEN!

Digitale Extras
go.marcopolo.de/app/aeg

DAS BESTE ZUERST

Undenkbar ohne: Wen die Sphinx über die Zeiten schon alles erblickt hat …

STARS & STERNCHEN

Geschichte bei angenehmen Abendtemperaturen verspricht die *Sound and Light Show* unterm Sternenhimmel bei den Pyramiden von Gizeh. Am besten nimmst du Snacks und Wasser mit

➤ S. 55, Kairo

PHARAOS SCHÄTZCHEN

Einige der schönsten und wichtigsten Schätze aus den Gräbern und Tempeln der Gegend sind im *Luxor Museum* zu sehen. Das klimatisierte Haus bietet Kostbarkeiten jenseits der Hitze im Tal der Könige

➤ S. 67, Oberägypten

COOLE KORALLEN

Warum das Sightseeing nicht ins kühle Nass verlegen? Die einzigartigen Korallenriffe und malerischen Buchten des Nationalparks *Ras Mohammed* bieten Schnorchlern und Tauchern die optimale Gelegenheit dazu (Foto)

➤ S. 107, Sinai

VIEL HEISSE LUFT

In den kühlen Morgenstunden schwebst du auf einer *Ballonfahrt* über Luxor und genießt einen einmaligen Ausblick auf den Nil und das Tal der Könige. Kalte Getränke sind inklusive

➤ S. 69, Oberägypten

ZURÜCK IN DIE GESCHICHTE

5000 Jahre Vergangenheit kann man auf neun Riesenbildschirmen im *Culturama* von El-Gouna erleben: eine interaktive Zeitreise in 4D durch die ägyptische Historie, ganz ohne schweißtreibendes Umherwandern

➤ S. 122, Rotes Meer

EIN HAUCH VON AGATHA CHRISTIE

Einmal in Assuans Hotel *Old Cataract* durch Lobby und Garten wandeln und auf der schattigen Terrasse einen kühlen Malvenblütentee bestellen! In dem viktorianischen Haus schrieb Agatha Christie Teile des Krimis „Tod auf dem Nil"

➤ S. 77, Oberägypten

BEST OF

LOW-BUDGET

FÜR DEN KLEINEN GELDBEUTEL

GESCHICHTE(N) IN CARTOONS
Blechen und noch mal blechen, heißt's oft bei Museen. Nicht so im kostenlosen *Karikaturenmuseum* in der Oase Fayoum: 150 Jahre ägyptische Cartoonhistorie, über 400 Originale – ein großer Spaß!
➤ S. 57, Kairo

LUFTWANDELN BEI KÖNIGS
Einst für die königlichen Sommerfrischler angelegt, sind die *Montazah-Gärten* von Alexandria heute für alle zugänglich. Der Eintritt: nur ca. 1 Euro (Foto)
➤ S. 85, Alexandria & Siwa

GROSSER STRAND, KLEINER PREIS
Du wohnst privat oder nicht im Strandhotel? Kein Problem in Hurghada. Der *Mahmya Beach* ist einer von mehreren sauberen öffentlichen Stränden mit WC, Verpflegung etc. Er kostet zwar was, aber die Hälfte des Eintritts wird auf den Verzehr angerechnet
➤ S. 119, Rotes Meer

ABKÜRZUNG NACH THEBEN
Von Luxor nach Theben-West kommt man mit der *Fähre* schneller als mit dem Taxi – und viel billiger. Ein paar Schritte nördlich des Luxor-Tempels geht ihr durch das grüne Portal „National Ferryboat" zum Nilanleger und setzt für umgerechnet ein paar Cent über. Dort gibt's Leihräder
➤ S. 62, Oberägypten

GÜNSTIGE DRINKS
Hotels und Restaurants haben ein teures Beinahe-Monopol auf den Alkoholverkauf. Es gibt aber Alternativen. Die eine: Innerhalb von 48 Stunden ab Ankunft darfst du im Duty-free-Shop am Flughafen oder in einem der landesweiten *Egypt Air Duty-free-Shops (Adressen auf dutyfree.egyptair.com)* steuerfrei einkaufen. Die andere Möglichkeit: Die Läden von *Drinkies (Filialen unter drinkies.net)* verkaufen landesweit günstig Markenbiere, Wein und Spirituosen

BEST OF

MIT KINDERN

SPANNENDES FÜR GROSS & KLEIN

ES WAR EINMAL

Pharaonische Tempel, eine Kopie des Tut-anch-Amun-Grabs und als Bauern und Handwerker kostümierte Statisten, die das Leben im Alten Ägypten nachspielen: Das *Pharaonic Village* in Kairo ist ein lebendes Museum, in dem die Zeit der Pharaonen anschaulich zum Leben erweckt wird

➤ S. 48, Kairo

REIN IN DEN DSCHUNGEL!

Assuans Nilinsel *Elephantine* ist ein kleiner und bezaubernder Palmendschungel, den ihr mit den Kids durchstreifen könnt. Esel, Rinder und Ziegen beobachten euch unterwegs neugierig

➤ S. 74, Oberägypten

AUSFLÜGE AUF DEM KAMEL

Am Strand des Golfs von Aqaba können Kinder auf Kamelen reiten. Die *Habiba Beach Lodge* in Nuweiba hat sogar eine Kamelreitschule. Ein Abenteuer ist auch ein Ausflug mit den Beduinen in die Wüste – inklusive Übernachtung im Freien! Diese Tour könnt ihr noch mit einem Abstecher zum Coloured Canyon verbinden

➤ S. 110, Sinai

HOCH AUFS MINARETT!

Moscheen sind auf den ersten Blick sicher nicht der Hit bei Kindern. Das ändert sich spätestens, wenn es die engen Stufen hoch hinauf auf ein Minarett geht, den Turm des Gebetsrufers. In der Islamischen Altstadt von Kairo bieten sich dazu gleich mehrere Gelegenheiten. Besonders schön ist dort der Turm der *Moschee Al-Ghuri*

➤ S. 44, Kairo

RUTSCHPARTIE

Auf Reifen durch reißende Wasserkanäle sausen, dazu warten diverse Rutschen auf kleine und große Geschwindigkeitsfans. Der Tagesausflug in den *Aqua Park* ist ein Spaß für die ganze Familie

➤ S. 105, Sinai

BEST OF

TYPISCH

DAS ERLEBST DU NUR HIER

DRANDENKEN ANS ANDENKEN
Authentisches ägyptisches Handwerk findest du in Werkstatt und Laden der Buchbinderei *Hussam Abdel-Zaher* in Kairos Altstadt. Notizbücher, Kalender und vieles mehr gibt's dort in endloser Zahl und in verschiedenen Farben und Formen, wunderschön und nicht teuer
➤ S. 52, Kairo

NIL MIT STIL
Im 19. Jh. unternahm die europäische Bohème ihre klassische Nilreise mit einer für Ägypten typischen *Dahabiyya*. Die Zweimastsegelboote haben acht bis zehn Kabinen und ein kleines Sonnendeck. Von Assuan und Luxor aus starten heute noch die „Dongola" und die „Giraffa"; beide Schiffe sind je rund 170 Jahre alt (Foto)
➤ S. 70, Oberägypten

SÄRGE FÜR XXXXL
Mehr als zehn Jahre haben die Renovierungsarbeiten im *Serapeum*, der riesigen unterirdischen Grabanlage für die heiligen Apis-Stiere, angedauert. In Saqqara können Besucher neben den zahlreichen Pyramiden die gigantische Stier-Nekropole besuchen
➤ S. 57, Kairo

NACH MAADI INS WADI
Ab und an nervt selbst die Kairoer der Lärm und die Hektik ihrer Stadt. Mag es auch kein arabisches Wort für Naherholungszentrum geben, es existiert eines in Kairo-Maadi: das *Wadi Degla* ist ideal zum Entspannen und Picknicken. Viele kommen mit dem (Mountain-)Bike
➤ S. 54, Kairo

ABENDS IM BASAR
Assuans kleiner *Souq* ist der wohl romantischste im Land, was auch an den eher zurückhaltenden Händlern liegt. Besonders interessant sind die Gewürzshops, wo es Tees und Kräuter gibt, von denen du noch nie gehört hast
➤ S. 77, Oberägypten

SO TICKT ÄGYPTEN

Ob diese zwei vom Basar in Luxor wohl die nächste Kutschfahrt besprechen?

ENTDECKE ÄGYPTEN

Es waren einmal sieben Weltwunder, eins steht bis heute: die Pyramiden von Gizeh

Du erinnerst dich? Irgendwer sagte mal: America first! Es ist nichts gegen Egypt first! Das Land am Nil kann mit diversen Superlativen aufwarten. Ägypten gilt als die Wiege der Zivilisation, erfand mit der Stufenpyramide von Saqqara die Steinbauarchitektur und besitzt das letzte noch erhaltene Weltwunder der Antike: die Pyramiden von Gizeh.

IM MUTTERLAND DES TOURISMUS

Ein Superlativ aber wird selten beachtet: Ägypten ist das älteste Reiseziel der Welt. Tempel und Pharaonengräber, die mit klingenden Namen wie Ramses, Tut-anch-Amun, Nofretete oder Echnaton in Verbindung gebracht werden, dazu prächtige Moscheen und die Kirchen einer der ältesten christlichen Gemeinschaften der Welt locken seit Jahrtausenden Pilger und Wissenschaftler, Abenteurer oder einfach nur

- **ab 3032 v. Chr.** Gründung von Memphis, Beginn der Hochkultur
- **ab 2620 v. Chr.** Bau der Pyramiden von Gizeh
- **ab 1550 v. Chr.** Die Tempel in Luxor entstehen
- **332 v. Chr.** Alexander der Große erobert Ägypten
- **3. Jh. n. Chr.** Ausbreitung des Christentums in Ägypten
- **639** Amr Ibn Al-'As erobert und islamisiert Ägypten
- **1517** Ägypten wird eine Provinz des Osmanischen Reichs

Neugierige. Da ist es nur logisch, dass Ägypten auch die Geburtsstätte des modernen Tourismus ist. Thomas Cook, ein praktisch veranlagter Brite, erkannte, dass alle wichtigen Sehenswürdigkeiten in Reichweite des Nilufers liegen – und erfand 1869 die Nilkreuzfahrt, wodurch Besichtigungen ohne große Strapazen möglich wurden. Damit seine Gäste in der exotischen Fremde immer wussten, woran sie waren, beglückte Cook sie mit der Pauschalreise: Unterkunft, Verpflegung, Tourguide, alles war im Reisepreis enthalten – außer der Gin Tonic zur Malaria-Prophylaxe.

DIE QUAL DER WAHL

Touristen von heute stellt sich vor allem ein Problem: Wo zuerst hinfahren? Im Süden lockt die magische Kultur der Pharaonen, im Osten bietet das Rote Meer Traumstrände und eine artenreiche Unterwasserwelt, die zu den beeindruckendsten der Erde gehört. Für Kairo allein bräuchte man Wochen, um alle pharaonischen und koptischen Sehenswürdigkeiten sowie die Bauwerke der Herrscherdynastien der Fatimiden (10.–12. Jh.) und der Mamluken (13.–16. Jh.) zu sehen. Und dann gibt es ja noch Alexandria, die „Grande Dame" am Mittelmeer, die Wüstenoasen, den Sinai der Bibel, der Beduinen und der Badeurlauber ... Tauchen und Bergwandern, Altertum und Orient, Naturerlebnis oder Großstadtabenteuer? In Ägypten kannst du dir deine perfekte Urlaubskombi zusammenstellen.

DIE ÄGYPTISCHE GELASSENHEITSFORMEL

Über die unendliche Gelassenheit der Menschen und ihre ansteckende Freundlichkeit sind viele Reisende immer wieder erstaunt. Es gibt nur Weniges, was die Ägyp-

1882 Beginn der britischen Besatzung; Dauer bis 1922

1952 Sturz König Faruks I.

1967 Sechstagekrieg, Ägypten verliert den Sinai an Israel

1973 Oktoberkrieg gegen Israel

1979 Camp-David-Frieden

2011 „Revolution des 25. Jan.", Sturz Hosni Mubaraks

Ende 2023 Geplante Eröffnung des Grand Egyptian Museum an den Pyramiden ter aus der Ruhe bringt. Problemen und ihrem eigenen schlechten Gewissen begegnen sie mit der Formel „IBM". Das I steht für „insha'allah" und bedeutet „so Gott will". Es ist die übliche Antwort selbst auf die Frage, ob die U-Bahn, auf der Helwan steht, auch wirklich nach Helwan fährt. Das B steht für „bukra", was „morgen" heißt, aber meistens meint: „Was ich heute kann besorgen, kann ich morgen immer noch verschieben." Das M ist das Kürzel für „malesh" – „tut mir leid, macht doch nichts".

HOFFEN AUF BESSERE ZEITEN

Diese Gelassenheit hilft den Menschen, ihre Lebensverhältnisse zu ertragen. Viele Ägypter haben zwei und mehr Jobs, arbeiten 12 bis 18 Stunden täglich und ernähren die gesamte Großfamilie. Fast jeder Zweite muss mit weniger als einem Euro pro Tag auskommen, aber selbst in Armenvierteln kostet ein Liter Milch knapp einen Euro. Mindestens zwei Drittel aller Einwohner in Kairo leben in zumeist ärmlichen Vierteln. Bessere Lebensverhältnisse verspricht sich Ägypten u. a. von einem 45-Mrd.-Dollar-Projekt, das südöstlich von Kairo entsteht: die neue Hauptstadt New Cairo, ab 2023/2024 mit Monorail-Verbindung. Rund 7 Mio. Menschen sollen schon Ende der 2020er-Jahre dort leben, *insha'allah*.

DIE VERPUFFTE REVOLUTION

Von der nahen Zukunft in die nicht so ferne Vergangenheit: Nachdem das Mubarak-Regime die Parlamentswahlen 2010 dreister gefälscht hatte als jemals zuvor und Korruption, Polizeigewalt, Folter nie da gewesene Ausmaße angenommen hatten, war es mit dem Gleichmut der Menschen vorbei. Sie stürzten 2011 ihren verhassten Präsidenten. Auch sein gewählter Nachfolger, der Muslimbruder Mohamed Mursi, hielt sich nicht lange im Amt. Er wurde durch einen Militärputsch gestürzt. Spätestens da war die Revolution gescheitert. 2014 ging Armee-Oberbefehlshaber Abdel Fattah el-Sisi aus Wahlen als neuer Präsident hervor, vier Jahre später wurde er im Amt bestätigt. Viele Ägypter erhofften sich von ihm wirtschaftlichen Aufschwung – der nie kam, im Gegenteil – und sahen ihn als einen Retter, der das Land vor einer islamischen Theokratie bewahrte. Menschenrechtsorganisationen werfen ihm jedoch bis heute vor, dass er wie seine Vorgänger jede Opposition unterdrücke. Unterdessen hält in der Region an der Mittelmeerküste um Al Arish und dem Gaza-Streifen der Konflikt mit Ablegern des „Islamischen Staats" an. Deren Ziel: Destabilisierung, Regimesturz, Errichtung eines Kalifats.

NICHT DAS LACHEN VERLIEREN

Es gibt allen Grund, davon auszugehen, dass sich die Ägypter einer solchen Tyrannei weiterhin nach Kräften widersetzen. Denn generell sehnen sich auch hier die Menschen nach stabilen Verhältnissen. Du wirst es von den Ägyptern hören, die du triffst. Und staunen wirst du sicher auch, mit wie viel Heiterkeit und Humor sie ihrer schwierigen, oft von Armut geprägten Lage begegnen. Diese Erfahrung ist wohl eines der nachhaltigsten Mitbringsel einer Ägyptenreise.

AUF EINEN BLICK

104,3 MIO.
Einwohner

Deutschland: 84,3 Mio.

2,9

Geburtenrate

Deutschland: 1,3

2897 km
Küstenlänge
Deutschland: 2389 km

96 Prozent
Anteil Wüste an der Gesamtfläche

Deutschland:
32 Prozent Waldfläche

HÖCHSTER BERG KATHARINENBERG AUF DEM SINAI

2637 m

HEISSESTER MONAT

AUGUST
41°C

in Marsa Alam

SONNENTAGE/JAHR IN HURGHADA

364

5000 ARTEN FISCHE

leben inmitten der 2500 Korallenarten im Roten Meer

PYRAMIDEN VON GIZEH

Letztes der sieben Weltwunder der Antike

BERÜHMTESTER PHARAO

Tut-anch-Amun

BERÜHMTESTE NASE

DIE VON KLEOPATRA

ÄGYPTEN VERSTEHEN

BAKSCHISCH

Wer hat, der teilt – und gibt den Ärmeren. So einfach funktioniert im Alltag die Umsetzung der obligatorischen islamischen sozialen Gabe „Zakat", besser bekannt als Bakschisch (gesprochen mit langem i). Bettler raunen das Wort Touristen wie Einheimischen am Straßenrand zu, Kinder rufen es Fremden hinterher, denn wer als Tourist nach Ägypten kommt, gilt als reich (was relativ gesehen auch so ist). Für Ägypter ist es Ehrensache, Bettlern die eine oder andere Pfundmünze zuzustecken. Viele versuchen aus Stolz, ihre Armut zu kaschieren, indem sie als fliegende Händler Taschentücher, Bonbons oder Kaugummi zum Kauf anbieten. Greif beherzt zu. Du tust Gutes.
Wenn Kellner, Zimmerreiniger, die Toilettenfrau oder der Tankwart Bakschisch bekommen, dann entspricht das allerdings unserem Trinkgeld. Mit einem Unterschied: Es ist das Geld, mit dem sie ihre Familien ernähren. Die Löhne reichen dazu nicht aus.

LOCKER AUS DER HÜFTE

Kaum eine Hochzeit oder ein Clubabend ohne ihn: Selbst Kinder beherrschen schon das Kreisen der Hüften zu Musik. Trotzdem hegen viele Ägypter eine Hassliebe zum *Raqs sharki*, wie der Bauchtanz auf Arabisch heißt. Sie finden ihn unsittlich, weil er gegen den religiösen Anstand verstößt, aber sie bewundern und verehren seine Superstars. Dabei gehört er zur Lebensfreude der Menschen, und das seit Tausenden von Jahren, wie altägyptische Reliefs zeigen. Seit den Musikfilmen der 1940er-Jahre treten die Tänzerinnen nicht mehr nur in Clubs auf, aber ihr Ruf besserte sich dadurch nicht. Heute werden die besten Shows in den Kairoer Luxushotels gezeigt.

HIEROGLYPHISCH

Tempelmauern und heilige Säulen sind überzogen mit Schriftzeichen in teils absonderlichen Formen: Manche sehen aus wie Geier, Kringel oder Krüge. Die Hieroglyphen, die Schrift der Pharaonen, wurden 1822 erstmals von dem französischen Archäologen Jean-François Champollion (1790–1832) entziffert. Die Schrift wurde anfangs weder für heilige Texte noch für Geschichtsepen, sondern vor allem für Inventarlisten, Steuervermerke oder Namensetiketten verwendet. Sie ist das Produkt eines beeindruckenden Verwaltungsapparats, den man ohne Übertreibung als die älteste Bürokratie der Welt bezeichnen kann. Die Hieroglyphe in Form eines Krugs steht übrigens für Bier oder Wein.

ÄGYPTISCHER NUMERUS CLAUSUS

Einmal im Jahr hört man ein ganzes Land klagen und stöhnen. Vor den großen Sommerferien wird das mit dem deutschen Abitur vergleichbare *Thanawiyya Amma* abgelegt; Schüler und Eltern stehen am Rand des Nervenzusammenbruchs. In den staatlichen und vielen privaten Schulen wird weder kritisches Denken noch das Lösen von Problemen gelehrt, sondern auswendig gelernt. Die Lehrer bessern ihr Monatsgehalt von etwa 150 Euro mit Privatstunden auf, für die Ägyptens Eltern Hunderte Millionen Pfund pro Jahr ausgeben. Vor allem während dieses Nachhilfeunterrichts erwerben die Schüler das nötige Prüfungswissen. Wochenlanges Auswendiglernen ist die Folge, jeder Satz muss aufs Komma genau in der Prüfung sitzen. Die Abiturnote entscheidet über den Studienplatz. Wer's vermasselt, muss im Niltal statt in Kairo studieren – Numerus clausus auf Ägyptisch.

Den Lernstoff immer dabei: Fürs ägyptische Abi heißt es pauken, pauken, pauken

GÖTTER VON AA BIS YAM

Das Praktische am Monotheismus: Man muss sich nur einen Gottesnamen merken. Doch Echnaton, der einzige Pharao, der die Vielgötterei abzuschaffen versuchte, starb jung und ungeliebt. Das Volk wollte viele Götter. So begegnen dir auf der Reise durch das Alte Ägypten die Namen Dutzender Haupt-, Neben-, Regional- und Lokalgötter – vom Schöpfergott Aa bis zu Yam, dem Gott der Gewässer. Beide sind nicht so wichtig wie Osiris. Er stand als Herr der Unterwelt und Gott der Wiedergeburt dem Totengericht vor, das über die Aufnahme Verstorbener ins Jenseits entschied. Isis, Muttergottheit sowie Gattin und Schwester des Osiris, hatte seinen zerstückelten Leichnam eingesammelt und zu neuem Leben erweckt. Isis schenkte Osiris auch einen Sohn, den falkenköpfigen Gott Horus. Er bestieg als erster Pharao den Thron. Auch wichtig: Hathor, die Göttin der Fruchtbarkeit und der Liebe, oft in Kuhgestalt abgebildet, außerdem der Weltenschöpfer Amun und Sonnengott Aton.

FASTENZEIT

Für viele Europäer nur schwer verständlich, aber wahr: Dem entbehrungsreichen islamischen Fastenmonat Ramadan sehen die meisten Ägypter mit einer Vorfreude entgegen, wie wir sie nur von Weihnachten kennen. Der Beginn des Ramadan richtet sich nach dem Neumond, die Mondsichel muss mit bloßem Auge zu erkennen sein.

Im Ramadan ist alles anders. Einmal im Jahr folgt für vier Wochen das gesamte öffentliche und private Leben Regeln, die wenig mit denen der übrigen Zeit gemein haben. Zwischen Sonnenaufgang und -untergang verzichten nicht nur die besonders gläubigen Muslime auf Speisen, Getränke, Sex, Parfüm und Nikotin. Auch weniger Fromme versuchen, wenigstens für ein, zwei Wochen mitzufasten. Alle Geschäfte, Ämter und Firmen schließen drei Stunden vor Sonnenuntergang, und zum Zeitpunkt des Fastenbrechens, des *Iftar,* herrscht Stille auf den mit Laternen und Girlanden geschmückten Straßen, selbst in Kairo. Alle sitzen dann zu Hause am Esstisch. Das Mahl fällt besonders festlich aus, man lädt sich gegenseitig ein und feiert. Die Zeit bis zum *Suhur*, dem letzten Mahl in der Nacht, verbringt man in den Kaffeehäusern oder in speziellen Festzelten bei Wasserpfeife, Tee und Kaffee. Der Ramadan endet mit dem dreitägigen Fest des Fastenbrechens, dem *Eid Al-Fitr.*

GLAUBENSSACHE

Rund 90 Prozent der Ägypter sind Muslime. Während die Religion vor ein paar Jahrzehnten noch kaum eine Rolle spielte im öffentlichen Leben,

Mohammed-Ali-Moscheee in Kairo: eine Ruheoase in der hektischen Stadt

hat sich das grundlegend geändert. Fünfmal am Tag ertönt aus den Lautsprechern der Moscheen der Gebetsruf, der sich über jede Stadt wie eine Klangwolke legt. In und vor Moscheen beten Freitagmittag zum höchsten Wochengebet Tausende. Viele Frauen, auch Mädchen vor dem Teenageralter, sind heute verschleiert. Der Islam ist Ägyptens Staatsreligion, das islamische Recht (Sharia) die wichtigste Grundlage der Gesetzgebung.

Wichtigster Treffpunkt für die Gläubigen ist die Moschee, die keine sakrale Stätte ist, sondern ein praktischer und vor allem stiller Ort zum Beten und Verweilen, zum Ausruhen und Meditieren. Außerhalb der Gebetszeiten kannst du fast alle Moscheen besichtigen, wenn du dezente Kleidung trägst und die Schuhe am Eingang ausziehst. Frauen bedecken ihr Haar. Wegen des

KLISCHEE KISTE

ZU SPÄT IST IMMER NOCH PÜNKTLICH

Du wartest. 20 Minuten, 30 Minuten, eine Stunde. In dir brodelt Ungeduld, als deine Verabredung kommt, dich umarmt. „Schön, dich zu sehen", sagt sie. Kein Wort wie: „'Tschuldigung, bin zu spät los" (stimmt garantiert), „steckte im Stau" (stimmt auch garantiert). Eine Stunde ist die Nanosekunde des Ägypters – eine unfassbar kleine, kaum wahrnehmbare Zeiteinheit. Wer pünktlich kommt, ist länger allein. Oder wie der Ägypter sagt: Ihr habt die Uhren, wir die Zeit.

MOLOCH MIT HERZ

Kairo ist laut, heiß, staubig, versmoggt. Kein Wunder bei einer fast nur von Wüste umgebenen Megacity mit über 22 Mio. Einwohnern. Kairo ist ein Moloch, per Definition also eine „grausame Macht, die immer wieder neue Opfer fordert und alles zu verschlingen droht". Würde die Stadt doch etwas von ihrem Lärm, dem Staub, den Staus verschlingen – tut sie aber nicht! Stattdessen ist sie ein Schmelztiegel und Auffangbecken. Und zwar für jeden, obwohl es an Platz und Nahrung mangelt. Glücksritter vom Land, Reiche und Arme, Nachtschwärmer, Expats, Syrer, Sudanesen ... Der arabische Beiname der Stadt sagt es: Kairo ist eben „Umm el Dunya", die Mutter der Welt.

islamischen Bilderverbots sind Moscheen hauptsächlich mit kunstvollen Kalligrafien verziert. Hier finden auch die typisch ägyptischen Heiligenfeste statt, die *Mulids*. Die Plätze vor den Moscheen sind dann geschmückt, Kinderkarusselle aufgebaut. Bei den mehrere Tage andauernden Festivitäten tanzen sich oft Sufis in Trance.

CHRISTLICHE MINDERHEIT

Etwa zehn Prozent aller Ägypter sind Kopten, orthodoxe Christen, die sich oft mit einem am Handgelenk eintätowierten Kreuz als solche zu erkennen geben. Die Kopten sind wie die Muslime an Traditionen orientiert, so gibt es etwa strenge Fastenperioden.

Das Verhältnis zur muslimischen Bevölkerungsmehrheit ist infolge der Islamrenaissance angespannt. Die Regierung beschwört die Einheit des Volks, und viele Ägypter aller Glaubensrichtungen stimmen dem vorbehaltlos zu. Trotzdem kam es in den letzten Jahren zu gewalttätigen Konflikten zwischen Muslimen und Kopten, die durch blutige Attentate von ägyptischen Ablegern des Islamischen Staats geschürt wurden.

Ägypten, bereits im 2. Jh. christianisiert, ist eine der ältesten christlichen Glaubensgemeinschaften der Welt.

KRISENWIRTSCHAFT

Für Urlauber ist Ägypten ein billiges Land, für die Ägypter wird's immer teurer. Von ihrem Gehalt können die wenigsten leben. Vielen haben zwei, drei Jobs. Wenn du herausfindest, dass dein Taxifahrer hauptberuflich als Beamter oder Ingenieur arbeitet, ist das eher die Regel als die Ausnahme. Zuletzt haben Coronapandemie und Inflation den Tourismus beeinträchtigt. Dieser ist einer der vier wichtigen Devisenbringer. Gestiegen sind hingegen die Einnahmen aus Gas- und Ölexporten sowie die Erlöse aus den Suezkanalgebühren.

2023 befürchteten Ökonomen wegen der schuldenfinanzierten Megaprojekte (u. a. eine neue Hauptstadt) aufgrund der weltweit steigenden Zinsen den Staatsbankrott. Für Kredite des Währungsfonds musste das ägyptische Pfund 2022/23 über 50 Prozent abgewertet werden. In der Folge explodierten die Preise für Grundnahrungsmittel. Hoffnung setzt die Regierung u. a. in den weltgrößten Solarpark in der Wüste und Stromexporte in die EU.

GASTFREUNDLICHKEIT

Sobald ein Gast das Haus oder das Zelt betritt, so lautet eine alte Beduinenregel, soll man ihn mindestens drei Tage lang wie ein Mitglied der Familie behandeln. Er muss beköstigt, beschützt und notfalls auch gekleidet werden. Auch heute noch ist die Gastfreundschaft der Ägypter nahezu legendär. Die Chance, dass Einheimische dich zum Essen in ihr Haus oder ihre Wohnung einladen, ist gar nicht so gering. Bevor du eine Einladung annimmst, sollte sie mindestens dreimal ausgesprochen sein, und dann kann es passieren, dass die Gastgeber dir zuliebe für ein opulentes Mahl die Haushaltskasse für Monate

INSIDER-TIPP
Dreimal gesagt, dann gilt's

Blubbern und blubbern lassen: Die Shisha ist Symbol des ägyptischen Lebensgefühls

im Voraus schröpfen. Bring ein Geschenk mit, Geld für die Kinder, Gebäck oder frisches Obst , keine Blumen.

GESCHEITERTE REVOLUTION

Am 25. Januar 2011 begann ein 18-tägiger Volksaufstand, der mit dem Sturz von Präsident Mubarak endete. Millionen Ägypter waren auf die Straße gegangen, fast tausend kamen um. Das Ergebnis ist bekannt: 2014 übernahm das Militär in der Rolle des Retters wieder die Macht. Seitdem ist Oberbefehlshaber Abdel Fatah el-Sisi Präsident. Die Revolution aber ist gescheitert. Warum? Erstens gab es keine charismatische Gallionsfigur mit dem Zeug, das Land zu führen. Zweitens hatte keine der Revolutionsparteien ein tragfähiges Konzept für die Zukunft eines neuen Ägypten. Armut, Wirtschaftsmisere, unterdrückte Demokratie – nichts ist heute besser als unter Mubarak. Amnesty International sieht das Land u. a. wegen Willkürverhaftungen und der Knebelung der Meinungsfreiheit in einer anhaltenden „Menschenrechtskrise".

SHISHA MIT CHICHI

Die markantesten Geräusche eines typisch ägyptischen Kaffeehauses sind das Klappern der Backgammonsteine und das stete Blubbern der Wasserpfeifen. Die Shisha erfreut sich trotz des hohen Schadstoffgehalts ihres Rauchs weiter großer Beliebtheit. Als Mundstück dient Einwegware aus Plastik. In einigen Cafés trennt man die glühende Kohle mit Alufolie vom Tabak, sodass nur der reine Tabakrauch eingeatmet wird. Es gibt die verschiedensten Aromen wie Apfel, Pfirsich und traditionell Rosenblüte oder Minze.

ESSEN
SHOPPEN
SPORT

Der Orient ruft: Tauch ein in den Basar von Kairo

ESSEN & TRINKEN

Die ägyptische Streetfood-Küche steht gewissermaßen auf zwei Beinen: Fuul und Taamiyya. Früher oder später wird ein Ägypter dich garantiert fragen, ob du beides schon gegessen hast – und sich wundern, wenn du's kennst. Vielfältiger ist die Hausmannskost mit vegetarierfreundlichen Gemüsespezialitäten oder Fleisch- und Fischgerichten – und herrlich süßen Nachspeisen.

STREETFOOD DE LUXE

Bei Fuul, dem klassischen Streetfood, handelt es sich um einen dicken Brei aus stundenlang gekochten braunen Saubohnen, abgeschmeckt mit Sesamsauce, Zitrone, Gewürzen, Öl und manchmal auch Tomate. Taamiyya sind knusprig frittierte Gemüsebällchen, die Falafeln ähneln, aber einen höheren Anteil an zerstampftem Bohnenkraut haben. Beide Speisen gelten als Arme-Leute-Essen. Sie sind sehr nährstoffreich, gesund und deshalb typische Frühstücksgerichte. In verschiedenen Variationen werden sie selbst in Luxusrestaurants serviert, z. B. als Fuul überbacken mit Ei und Pasterma – einem Schinken aus gedörrtem Rindfleisch im Gewürzmantel, der in den Läden meistens an der Luft hängt.

BROT IST PFLICHT

Zu allen Gerichten gehört Fladenbrot, das die Ägypter *Aish* – Leben – nennen. *Aish baladi*, Fladenbrot, ist dunkel und aus dem vollen Korn gebacken. Eine köstliche, aber seltene Spezialität ist das *Aish shamsi*, das Sonnenbrot, das in Oberägypten und in den Oasen gegessen wird. Man lässt den Fladen tagsüber im heißen Wüstensand aufgehen und backt ihn abends fünf Minuten lang im gerade erloschenen Ofen.

Aish wird zu Saucen gegessen, zu Suppen, zu Eintöpfen und Fleisch

Probier dich durch: Dippe Baba Ghannug (li.) und koste die Frikadellenvariante Kufta (re.)

oder zu Pasterma. Traditionell ersetzt das Brot den Löffel, indem man vom Fladen ein Stück abreißt und es, zum Schäufelchen geformt, zum Tunken benutzt.

ZUM AUFTAKT MEZZE

Viele kleine Nebengerichte, die man wegen der Fülle, in der sie oft aufgetischt werden, kaum noch als Vorspeisen bezeichnen kann, läuten jede Mahlzeit ein. Darunter leckere Saucen und andere kalte Speisen, die man in Ägypten *Mezze* nennt. Am beliebtesten sind Tahina, eine ölige Sesampaste, das Kichererbsenpüree Hummus und Baba Ghannug aus Auberginen. Probier unbedingt auch die *Mahshi*-Gerichte, die aus gefüllten Kohl- oder Weinblättern bestehen. Abgerundet wird jedes Gedeck mit einem kleinen Teller *Turshi* – salzig eingelegten Zwiebeln, Radieschen, Möhren und anderem Gemüse.

Die warme Hauptmahlzeit des Tages essen Ägypter spätabends, nicht selten erst gegen Mitternacht, auch in Restaurants. Am Tag vertreiben sie den Hunger vor allem mit Sandwiches.

KEIN FLEISCH OHNE GEMÜSE

Die ägyptische Küche besteht seit Jahrtausenden aus dem, was das Niltal hergibt – und das ist vor allem Gemüse und Reis. Fleisch wird als *Kebab* oder *Kufta* zubereitet, Hähnchen oder Taube auf Holzkohle gegrillt. Typisch für Oberägypten sind die Tagin, die südlich von Kairo *Tadschin* ausgesprochen werden. Es sind Fleisch-Gemüse-Töpfe aus dem Ofen. Besonders lecker: *Bamia-Tagin* mit Okraschoten und Tomaten. Auch Tagin-Gerichte mit Fisch oder Meeresfrüchten sind köstlich. Überhaupt ist die Fischküche in fast allen Küstenorten sehr empfehlenswert.

Die Suppe *Molokhiyya,* ein ägyptisches Nationalgericht, wird ebenfalls am besten in Oberägypten zubereitet und ist dort in fast jedem Restaurant, von einfach bis luxuriös, erhältlich, auch wenn sie nicht auf der Speisekarte steht. Frag den Kellner danach.

Ab und an, besonders zum Frühlingsfest *Sham el-Nessim*, stößt man auf die bei Einheimischen beliebte Spezialität *Fesikh* – Fisch, der, nachdem er ein paar Stunden in der Hitze vor sich hin geschmort hat, gepökelt und roh gegessen wird. Fesikh hat wenige Liebhaber unter Europäern. Es gehört schon einige kulinarische Abenteuerlust dazu, das Gericht zu probieren. Du solltest es außerdem nur an einem Ort deines Vertrauens bestellen.

DIE MUTTER VON ALI

Wer im Magen noch Platz für etwas Süßes hat, gönnt sich als Dessert honigtriefendes Baklava, Milchreispudding, *Kunafa* oder den Brotauflauf *Umm Ali* („Die Mutter von Ali") mit Sahne, Nüssen und Rosinen, ähnlich wie Armer Ritter.

Als Getränke werden zum Abschluss Mokka oder schwarzer Tee serviert – nur mit Zucker heißt er *Shai*, mit Pfefferminzblättern *Shai bi-nana*. Der Tee wird häufig in Kaffeehäusern getrunken. Komischerweise denkt man dort oft, Touristen würden Teebeutel bevorzugen. Bestell deshalb *Shai ala bosta*, nach Art des Postmanns, wenn dir richtiger Tee aus aufgebrühten Blättern lieber ist.

INSIDER-TIPP
Das uneilige Gläschen zum Schluss

Der Mokka kommt als *Ahwa masbut* mittelmäßig gesüßt oder als *Ahwa sada* ohne Zucker.

Von den in Ägypten gekelterten Tischweinen sind die bekömmlichen roten Sorten *Ayam* und *Jardin du Nile* sowie der weiße *Cape Bay* empfehlenswert. Neben den einheimischen Bieren *Stella* und dem feineren *Sakara Gold* wird im Land u. a. auch Heineken gebraut.

SÜSSES FRÜCHTCHEN

Für Fans frisch gepresster Obstsäfte ist Ägypten ein Paradies. Überall gibt es günstige Varianten, für die das Fruchtfleisch oft einfach nur püriert wurde. Besonders lecker ist zwischen Juli und November die Mango, deren süßlicher Duft schon von Weitem signalisiert: Es ist Zeit, sie zu schälen und zu einem sirupähnlichen Saft zu pürieren. Geschält und klein geschnitten schmeckt die Frucht nicht weniger lecker.

VORSICHT, PREISFALLE!

Schau in Restaurants immer auch auf das Kleingedruckte in den Speisekarten. Oft werden zum eigentlichen Preis noch verschiedene Steuern und Gebühren hinzuaddiert, die rund 25 Prozent ausmachen können. Bessere Cafés und Gaststätten bestehen oft auf einen Mindestverzehr. Das heißt: Egal, was und wie viel du isst oder trinkst, die *minimum charge* wird fällig.

Und vergiss nicht, die Summe um fünf bis zehn Prozent Trinkgeld aufzurunden, auch wenn die Rechnung schon eine *service charge* enthält. Diese Gebühr ist nämlich eine staatliche Steuer, die nicht an das Personal geht. Das Trinkgeld aber ist die wichtigste Einnahmequelle für das durchwegs miserabel entlohnte Restaurantpersonal.

Unsere Empfehlung heute

Vorspeisen

BITINGAN MA'LI BI-TOUM
Gebratene Auberginen mit Knoblauch

BABA GHANNUG
Püree aus gegarten Auberginen und Tahina

WARA AINAB
Mit würzigem Reis gefüllte Weinblätter

MOLOKHIYYA
Grüne Suppe aus der langkapseligen Jute

SHORBET ADS
Linsensuppe

Hauptgerichte

SHAWARMA
Arabischer Döner Kebab

FATTA
Gefülltes Fladenbrot mit Fleisch und Reis, mit Brühe durchtränkt

FATIER
Süß, würzig oder pikant belegte bzw. gefüllte Blätterteigpizza

LAHMA BI-KHUDAAR
Fleischeintopf mit Saisongemüse

KEBAB
Gegrilltes Kalb- oder Hammelfleisch am Spieß

KUFTA
Gegrillte Fleischröllchen vom Rind oder Hammel

SHISH TAWUK
Gegrilltes, entbeintes Hähnchen

Desserts

KUNAFA
Kuchen aus gebackenen Fadennudeln mit Nüssen und Sirup

MAHALLABIYYA
Feiner Milchreispudding mit Pistazien

Getränke

HELBA
Heißgetränk aus gekochtem Bockshornklee

KARKADEH
Heißer oder kalter Malvenblütentee

SACHLEB
Süßes Milchgetränk mit Nüssen, Maisstärke und Kokosraspeln

SHOPPEN & STÖBERN

Für viele Urlauber ist Ägypten ein Shoppingerlebnis, für andere ein Albtraum. Man wird auf den Basaren angesprochen, muss feilschen. Nur zu, die Ägypter handeln auch! Faustregel: Die Hälfte des Preises anbieten, der Händler ruft mindestens zwei Drittel auf; irgendwo in der Mitte trifft man sich. Dabei freundlich hartnäckig bleiben und sich Zeit nehmen für die Unterhaltung – das drückt den Preis. In Supermärkten und Shoppingmalls ist Handeln unüblich.

FÜR DIE TEATIME

In Luxor und Assuan findest du die besten Gewürze – und den besten *Karkadeh*, den berühmten Malvenblütentee. Die dunkelroten Blüten werden getrocknet nach Gewicht verkauft und gehören zu den besten der Welt. Eisgekühlter *Karkadeh* ist eine fruchtige und noch dazu gesunde Sommererfrischung.

DUFT-MARKEN

Die Auswahl an Parfüms ist immens. Leider passiert es nicht selten, dass Käufer nach einem netten Gespräch mit dem Parfümhändler den Laden weder mit dem ausgewählten Duft noch der gewünschten Menge verlassen. Also achte beim Abfüllen und Einpacken darauf, dass du bekommst, was du bezahlt hast.

FUNKELNDES SILBER, DUNKLES HOLZ

Ägyptisches Kunsthandwerk gibt es fast überall. Auf dem Khan El-Khalili in Kairo residieren die Metallschmiede in einer eigenen Straße, überall stehen kunstvoll gearbeitete Lampenschirme, Teller, Schalen oder Tabletts aus Kupfer und Messing. Den besten Silberschmuck fertigen die Beduinen in der Oase Siwa an. Die schönen Armreife, Ketten und Ringe sind begehrte Sammlerstücke. Vasen, Brieföffner, Dosen und Statuen aus Alabaster kauft man am besten in

Den einen zieht's ins Citystars (li.), die andere zu tausendundeinem Licht auf Kairos Basar

Luxor, denn hier werden sie zum Großteil hergestellt. Beliebt sind auch Kissenbezüge und Wandteppiche aus derbem Stoff mit aufgenähten Applikationen.

INSIDER-TIPP
Nicht auf Ramsch reinfallen

Ein gutes Zeichen ist es, wenn sich die Handwerker bei ihrer Arbeit zusehen lassen (und die Werkstatt nicht weit entfernt liegt). Beim Könner bist du angekommen, wenn dieser auch Stücke nach deinen Vorgaben anfertigt.

Die alteingesessene Werkstatt *Nadim (nadim.org)* ist im ganzen Land bekannt für ihre prächtigen Holzarbeiten, Teetischchen und Bilderrahmen im orientalischen *Mashrabiyya*-Design: zusammengefügt ohne Nägel und Schrauben.

KLIMATISIERT SHOPPEN

Überall im Land haben in den letzten Jahren unzählige klimatisierte Shoppingmalls mit teilweise Hunderten von Geschäften eröffnet. Die größten Einkaufszentren des Landes sind die *Cairo Festival City Mall* und das *Citystars* in Kairo, wo man auch viele Läden für orientalische Souvenirs findet, oft zu fairen Preisen. Berühmt ist Ägypten für seine Baumwolle. Ausgefallene Mode führen die modernen Boutiquen.

ARAB-POP

Ein witziges Mitbringsel für die nächste Party: CDs mit arabischer Popmusik; oftmals schräge Töne für unser Ohr, aber für ein paar Euro sind sie auch keine Großinvestition.

BLUBBER-BLUBBER FÜR DAHEIM

Groß, klein, immer bunt designt – wenn du zu Hause Shisha rauchen willst: Wasserpfeifen gibt es in Ägypten in allen Varianten. Den Tabak (Geschmacksrichtungen u. a. Apfel, Minze, Honig) nicht vergessen – ist billiger als bei uns, zählt beim Zoll allerdings mit. Also die Freigrenzen für Tabak beachten!

SPORT

Im Schnitt angenehme Wassertemperaturen von 22 Grad, rund 360 Sonnentage und Korallenriffe, die zu den weltweit farbenprächtigsten und faszinierendsten gehören – für Wassersportler ist das Rote Meer mit den Sinai-Ablegern, dem Golf von Suez und dem Golf von Aqaba, ein echtes Paradies. Außer schnorcheln und tauchen kann man in Ägypten auch segeln, windsurfen, reiten und Golf spielen. Das größte Freizeitangebot gibt es an den Küsten, während die Sportmöglichkeiten im Niltal und in Kairo hauptsächlich auf die Hotels beschränkt bleiben.

KITEN & WINDSURFEN

Ungetrübter Beliebtheit bei Kitern und Windsurfern erfreut sich neben El-Gouna auch Hurghada, obwohl die zunehmende Uferbebauung die ablandigen Winde mehr und mehr abschwächt. Populär ist die Bucht vor dem *Magawish Village & Resort*. Bretter kannst du überall mieten, z. B. beim *Harry Nass Windsurf & Kitesurf Center (Hotel Mercure | Hurghada | Tel. 065 3464500 | harry-nass.com)*. Dort werden auch Kurse in deutscher Sprache angeboten.

Gut zum Kiten ist die Gegend um Ras Sudr an der Westküste des Sinai, am Golf von Suez gelegen. Die nötige Ausrüstung kannst du u. a. bei *Moonbeach Windsurfing (Tel. mobil 0111 1008801 | Facebook)* mieten.

STAND-UP-PADDELN

Der Wind, die Wellen: Auf dem Roten Meer fühlt sich der Trendsport nochmal anders an als zu Hause auf einem glatten See. Kurse für Anfänger und Fortgeschrittene – und natürlich das Equipment – gibt es in El-Gouna und El Naaba/Marsa Alam beim *Pro Center Tommy Friedl (Tel. mobil 0100*

Kick auf den Wellen: Windsurfer auf dem Roten Meer vor Hurghada

6672811 | tommy-friedl.com). Die Kurse *(260 Euro für 10 Std.)* sind sehr entspannt.

WASSERSKI & PARASAILING

Private Anbieter findest du auf dem Sinai in *Sharm El-Sheikh* und in *Ras Sudr* sowie an der Westküste in *Hurghada* und *El-Gouna*. Südlich von *Quseir* sind diese Aktivitäten zum Schutz der Natur untersagt.

TAUCHEN

Schon lange bevor die großen Bettenburgen entstanden, schlugen Taucher am Roten Meer ihre Zelte auf, besiedelten kleine Hüttendörfer und fuhren mit Booten hinaus zu den damals noch unberührten Riffen.

Während sich am Golf von Aqaba die Riffe in Ufernähe befinden, muss man auf der Hurghada-Seite des Roten Meers mit Booten hinausfahren. Die besten Tauchgründe bei Sharm El-Sheikh liegen um Ras Mohammed. Die schönen Riffe in der Shark's Bay nördlich von Sharm El-Sheikh eignen sich für erfahrene Taucher wie auch für Schnorchler.

Von Hurghada aus führen Touren zu den nahe gelegenen Riffen Fanadir und Shaab Al-Erg. Vor der Küste von Safaga sind die Riffe an der Tubiya-Insel beliebt. Südlich von Quseir bis in die Gegend um Marsa Alam befinden sich nach Meinung von Tauchspezialisten die schönsten Riffe – allerdings sind die meisten mehrere Stunden Bootsfahrt entfernt. Ein Tipp ist Marsa Alam für Freediver: Bei *Coraya Divers (Tel. mobil 0100 7670808 | coraya-divers.com)* geht es von der Plattform 90 m in die Tiefe.

Bei der Entscheidung für eine Tauchschule können verschiedene Zertifikate eine Hilfe sein. Überprüf, ob das Center Mitglied einer international anerkannten Ausbildungseinrichtung

(z. B. Padi) ist. Da die Korallenriffe im Roten Meer erheblich unter dem Massenansturm von Tauchtouristen gelitten haben, besonders vor Hurghada, schlossen sich viele Center der *Hurghada Environmental Protection and Conservation Association (Hepca | hep ca.org)* an, die deren Aktivitäten überwacht. Wenn du das unterstützen möchtest, solltest du einen dieser Tauchclubs wählen.

Fünftägige Open-Water-Tauchkurse für Anfänger kosten ab ca. 270 Euro, Schnuppertauchen unter Anleitung ist für ungefähr 50 Euro zu haben, jeweils einschließlich der Ausrüstung. Trips mit dem Boot auf die offene See mit zwei Tauchgängen werden für ca. 55 Euro pro Person angeboten, allerdings solltest du bedenken, dass du hier noch 30 Euro Miete für die Ausrüstung hinzurechnen musst.

Zum Programm der drei Ökocamps von *Red Sea Diving Safari (redsea-di vingsafari.com)* bei Marsa Alam gehört ein Eco-Diver-Kurs, der regelmäßig in Kooperation mit der Organisation *Reef Check* angeboten wird. Die Sporttaucher lernen, Unterwassertierarten zu identifizieren, arbeiten an einer aktuellen Reef-Check-Studie mit und erhalten am Ende ein Zertifikat.

GOLF

Auf drei historischen Anlagen aus dem 19. Jh. und auf 15, die erst in den letzten Jahren entstanden sind, kannst du in Ägypten Golf spielen. Fünf Plätze gibt es allein in und um Kairo. Auf dem schönsten Green golfst du nahe der Pyramiden von Gizeh *(Dreamland Golf | Tel. mobil 0100 1 77 34 10 | dreamlandgolf.com)*. Die Anlage *Katameya Heights (katameya heights.com)* im Osten der Stadt gilt als die nobelste. Der Platz des Steigenberger-Hotels in *El-Gouna (elgouna. com)* ist von Lagunen umgeben, der in der *Soma Bay* südlich von Hurghada wurde von der Golflegende Gary Player entworfen *(thecascades.com)*. Neben diesen Greens gibt es weitere rund um Kairo, in Alexandria, Sharm El-Sheikh und Luxor – nähere Informationen unter *1golf.eu/en/golf-courses/ egypt*.

REITEN

Wer möchte nicht einmal an den Pyramiden von Gizeh auf einem Pferd in die Wüste reiten? Schlepper kennen natürlich die Wünsche der Touristen, deshalb passiert es nicht selten, dass Pyramidenbesucher von Taxifahrern gleich direkt zu kleinen Pferdeställen unweit der Sound and Light Show gefahren werden – wo Reitführer ihnen dann sagen, dass ausgerechnet heute das Pyramidengelände geschlossen sei, aber man könne ja billig mit einem Pferd ... Davon glaubt man besser kein Wort, vor allem nicht den Teil mit dem „billig". Für einen Ausritt wendet man sich am besten an autorisierte Ställe, z. B. *AA (Tel. mobil 0122 2 96 07 49)* oder *FB Stables (Sharia Gamal Abdel Nasser | Tel. mobil 0106 5 07 02 88 | fbstablesgiza.co.uk)*, beide liegen in Pyramidennähe.

Am Roten Meer und auf dem Sinai organisieren Beduinen Reittouren. In El-Gouna gibt's mit *Yalla Horse (Tel. mobil 0101 5 85 50 99 | yallahorse-el gouna.com)* eine Reitschule, die Ausritte in die Wüste und am Strand entlang im Programm hat – auch auf Kamelen und Eseln. Gleiches Angebot und deutsche Betreiber hat in El-Gouna *Habiba Horse (Tel. mobil 0100 4 26 14 73 | habibahorse.de).*

WANDERN UND TREKKING

Wanderungen, Kamel- oder Jeeptouren durch die Berge veranstaltet von Dahab aus *Sub Sinai (Tel. mobil 0100 0 08 00 60 | subsinai.com),* darunter auch eine eintägige Tour, die u. a. zum *Wadi Feiran,* zum Nationalpark *Ras Abu Ghalum* und in die biblische Oase *Ain Khudra* führt.

Zusammen mit dem Beduinen Sliman Abu Hamed bietet die Ethnologin Katrina Biallas Touren durch die Bergwelt des Sinai an, z. B. auf dem Rücken von Kamelen. Auf ihrer Website *sinai-bedouin.com* nennt sie die Beduinenführer ihres Vertrauens, verrät, wo man die beste Wanderkarte für den Sinai bekommt, und gibt viele andere nützliche Tipps. Zu Biallas' Programm gehören mehrtägige Klang- und Hörreisen in die Stille der Wüste – eine Erkundung der Geräusche der Natur.

INSIDER-TIPP
The Sound of Silence

Ägyptens erster Fernwanderweg ist der Sinai Trail, auf dem es auf rund 230 km durch Oasen, über Pässe und in Canyons geht. Beduinen führen dich über den *Darb el-Sina,* wie der Weg auf Arabisch heißt, Kamele tragen das Gepäck *(Buchung unter Tel. mobil 0100 5 05 41 19 | sinaitrail.net).* Die komplette Tour vom Katharinenkloster bis nördlich von Nuweiba (oder in umgekehrter Richtung) dauert ca. 14 Tage. Du kannst auch Teilabschnitte gehen.

Finde den Fisch: Vor Marsa Alam tauchst du in spektakuläre Riffwelten ab

DIE REGIONEN IM ÜBERBLICK

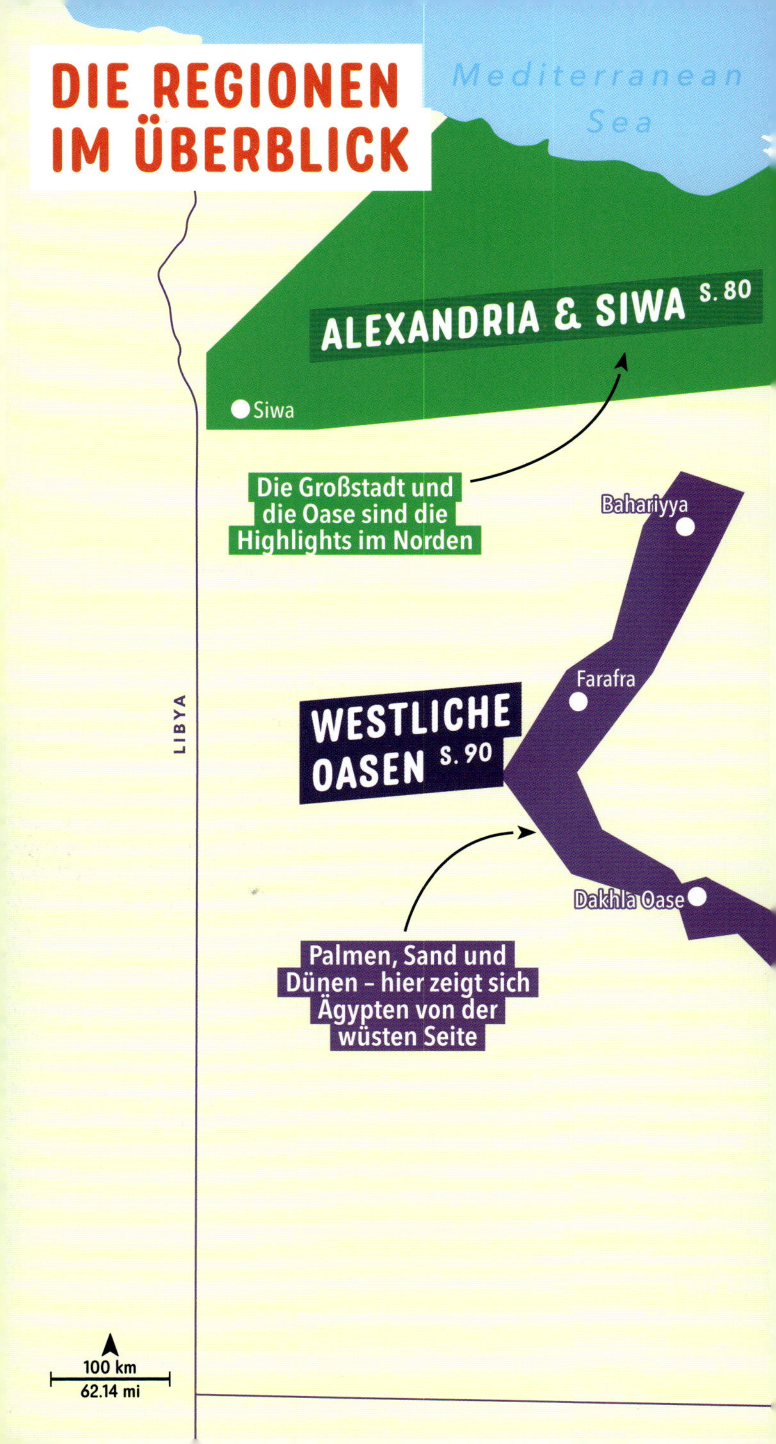

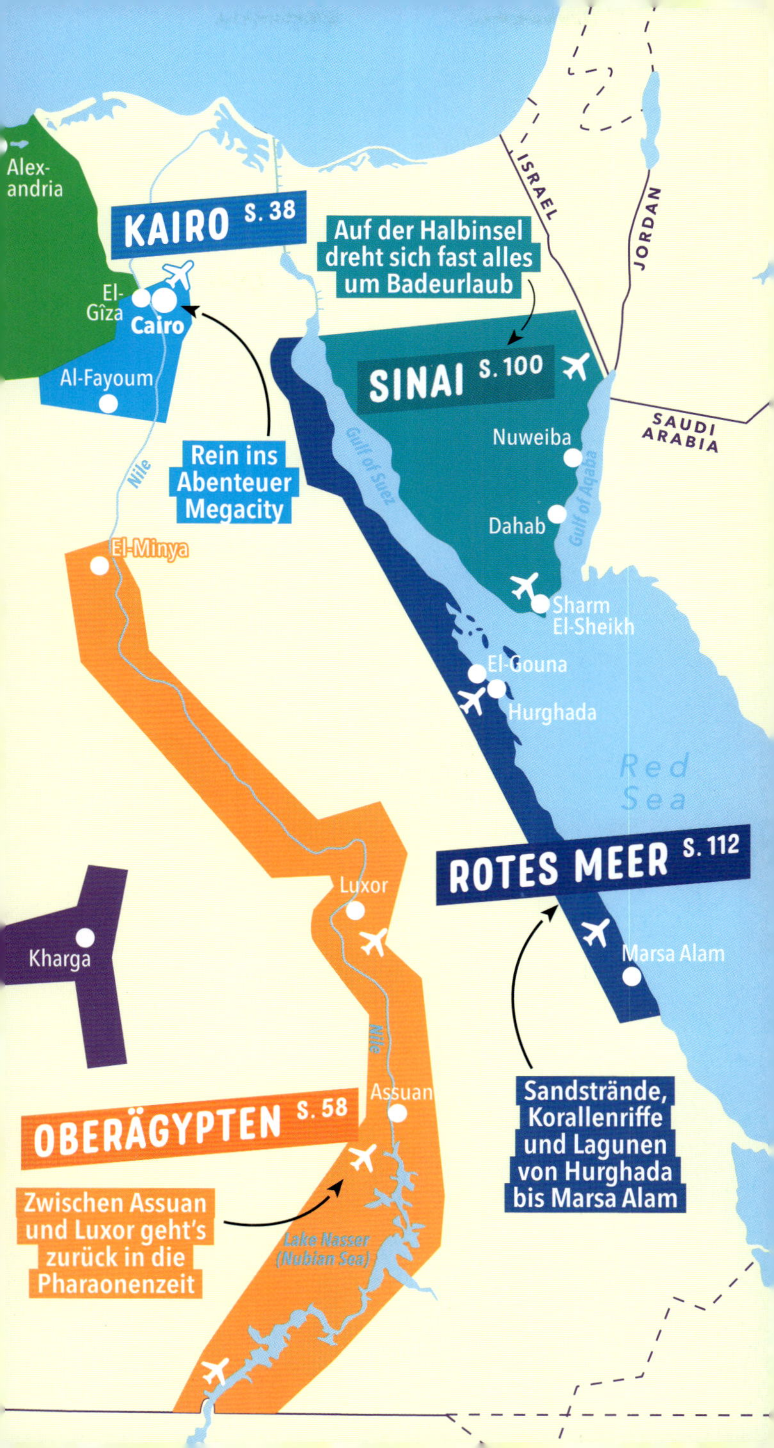

Alexandria
KAIRO S. 38
El-Gîza
Cairo
Al-Fayoum
Rein ins Abenteuer Megacity
Nile
ISRAEL
JORDAN
Auf der Halbinsel dreht sich fast alles um Badeurlaub
SINAI S. 100
SAUDI ARABIA
Gulf of Suez
Nuweiba
Gulf of Aqaba
Dahab
Sharm El-Sheikh
El-Minya
El-Gouna
Hurghada
Red Sea
ROTES MEER S. 112
Luxor
Marsa Alam
Kharga
Nile
Assuan
OBERÄGYPTEN S. 58
Sandstrände, Korallenriffe und Lagunen von Hurghada bis Marsa Alam
Zwischen Assuan und Luxor geht's zurück in die Pharaonenzeit
Lake Nasser (Nubian Sea)

KAIRO

„BIG MANGO" AM NIL

(📖 E4) Schon beim Landeanflug bekommst du eine Idee von der Dimension dieser Megacity. Wie ein riesiger Teppich liegt Afrikas größte Stadt ausgestreckt in der Sahara, ausgefranst an den Rändern, geflickt und ausgebessert in der Mitte. Kairos Wohnviertel ziehen sich bis zum Horizont, aufgelockert von Moscheen und Verkehrsadern. In der Mitte zerschneidet der Nil die Betonlandschaft. Über die Jahrtausende ist eine Metropole herangewachsen, in deren Großraum heute ca. 40 Mio. Menschen leben.

1001 Nacht trifft 21. Jh.: die Sultan-Hassan-Moschee vor Kairos Wolkenkratzern

Das spürt man: Ein pausenloses Stadtkonzert – Autohupen, plärrende Fernseher und Lautsprecher von Tausenden Minaretten – erreicht fast jeden Winkel. Durch die Straßen schiebt sich der Verkehr. Garküchen, Handwerksbuden und Kioske nehmen die Gehwege ein. Kairos Reichtum, das sind bedeutende Museen und Moscheen, tausend Jahre alte Kirchen, das Basarviertel Khan El-Khalili und natürlich die Pyramiden von Gizeh. *Al-Qahira,* die Siegreiche, heißt Kairo auf Arabisch; ein neuer Spitzname ist Big Mango – Grüße also an den Big Apple!

KAIRO

MARCO POLO HIGHLIGHTS

★ ÄGYPTISCHES NATIONALMUSEUM
Ein Museum zum Bersten voll mit antiken Funden – das musst du gesehen haben ➤ S. 42

★ MUSEUM FÜR ISLAMISCHE KUNST
Die Top-Sammlung erzählt 1400 Jahre islamische Geschichte ➤ S. 42

★ ISLAMISCHE ALTSTADT
Tauch ein in die märchenhafte Welt des Orients ➤ S. 43

★ MOSCHEE AL-AZHAR
Die älteste Moschee im islamischen Kairo ➤ S. 45

★ MOSCHEE IBN TULUN
Die Aussicht vom Minarett dieser großartigen Moschee ist wunderschön ➤ S. 45

★ KOPTISCHES VIERTEL
Die ältesten Kirchen der Stadt, prunkvoll dekoriert mit Fresken und Bildern ➤ S. 46

★ PYRAMIDEN VON GIZEH
Hochklettern? Denk nicht mal dran! Strikt verboten beim letzten existierenden Weltwunder ➤ S. 55

★ MEMPHIS & SAQQARA
Legendär: die antike Metropole Ägyptens und ihre Totenstadt ➤ S. 56

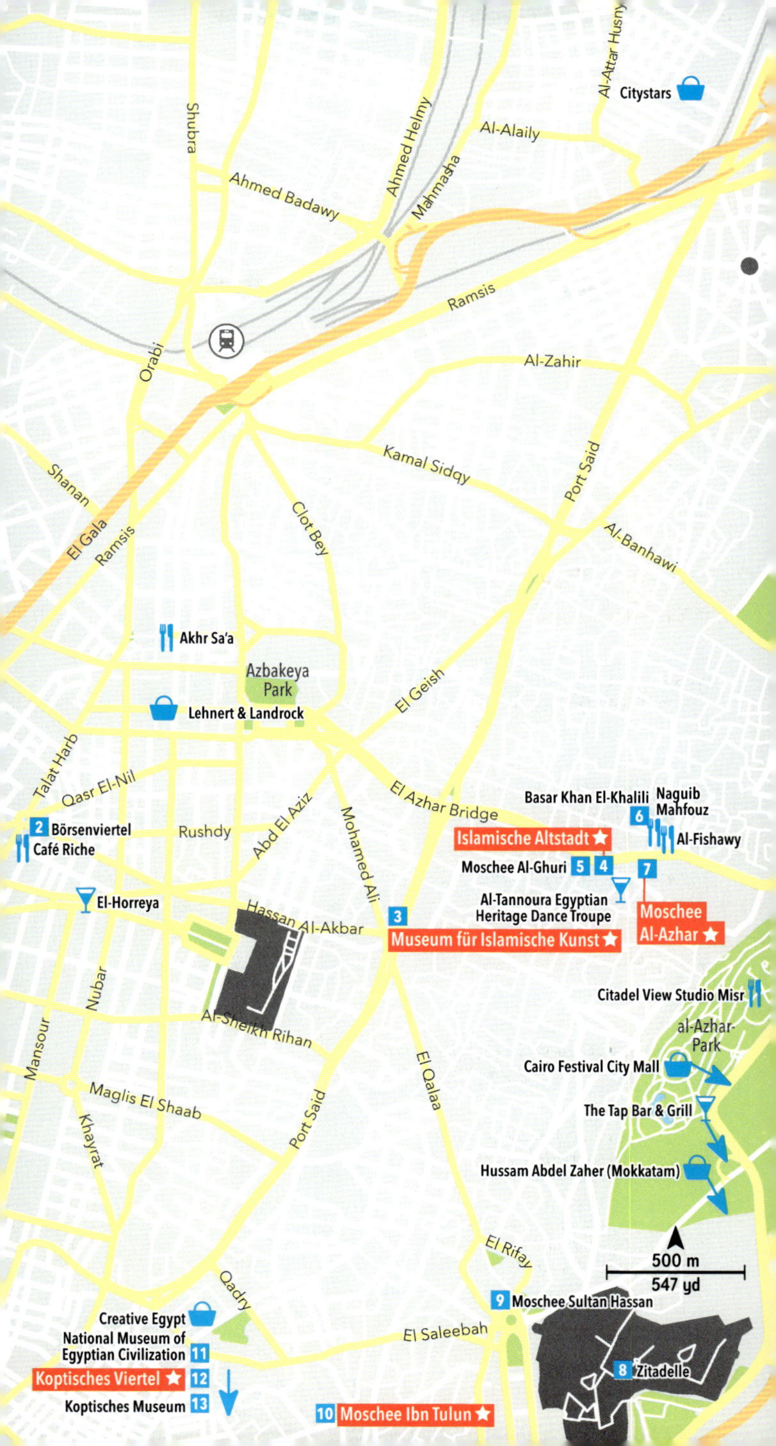

Al-Attar Husny
Citystars
Al-Alaily
Shubra
Ahmed Helmy
Mahmasha
Ahmed Badawy
Ramsis
Orabi
Al-Zahir
Kamal Sidqy
Port Said
Shanan
El Gala
Ramsis
Clot Bey
Al-Banhawi
Akhr Sa'a
Azbakeya Park
El Geish
Lehnert & Landrock
Talat Harb
Qasr El-Nil
Abd El Aziz
Mohamed Ali
El Azhar Bridge
Basar Khan El-Khalili
Naguib Mahfouz
6
2 Börsenviertel
Café Riche
Rushdy
Islamische Altstadt
Al-Fishawy
Moschee Al-Ghuri 5 4
7
El-Horreya
Al-Tannoura Egyptian Heritage Dance Troupe
Hassan Al-Akbar
3
Museum für Islamische Kunst
Moschee Al-Azhar
Citadel View Studio Misr
Nubar
Al-Sheikh Rihan
al-Azhar-Park
Mansour
Cairo Festival City Mall
El Qalaa
Maglis El Shaab
The Tap Bar & Grill
Port Said
Khayrat
Hussam Abdel Zaher (Mokkatam)
El Rifay
500 m
547 yd
Qadry
9 Moschee Sultan Hassan
Creative Egypt
El Saleebah
National Museum of Egyptian Civilization 11
Koptisches Viertel 12
8 Zitadelle
Koptisches Museum 13
10 Moschee Ibn Tulun

WOHIN ZUERST?

Der **Tahrir-Platz** *(🕮 c3)* ist der beste Ausgangspunkt für Touren innerhalb der Stadt. Hier befindet sich das Nationalmuseum, alle anderen Sehenswürdigkeiten sind bequem per Taxi, Uber oder dessen lokalen Konkurrenten Careem erreichbar. Zur Uferpromenade am Nil gelangst du in fünf Gehminuten.

Für ein paar Eurocent bringt dich der Nile Bus kilometerweit durch die Innenstadt: Abfahrt halbstündlich, z. B. ab Maspero *(schräg gegenüber vom Hotel Hilton Ramses).*

SIGHTSEEING

1 ÄGYPTISCHES NATIONALMUSEUM (EGYPTIAN MUSEUM) ★

Es ist Kairos größter Um- und Neubau seiner Museumslandschaft: Aus einer Antikensammlung werden drei. Das Ägyptische Nationalmuseum wird zu einer modernen Ausstellung umgestaltet und die einzelnen Flügel schrittweise saniert. Viele Schätze aus den überfüllten Magazinen sind erstmals öffentlich zu sehen. Denn das Haus ist vollgestopft mit Geschichte – mit Statuen, Särgen, Perücken, Schrifttafeln. Davor aber ziehen viele der über 100 000 Exponate des Museums um. So haben die Totenmaske des legendären Pharaos Tut-anch-Amun sowie der Innensarg aus massivem Gold künftig im neuen *Grand Egyptian Museum* (s. S. 56) an den Gizeh-Pyramiden ihre Bleibe. Und die „Royal Mummies Hall" mit zwölf Königsmumien von Ramses I., Hatschepsut & Co. bestaunst du jetzt im *National Museum of Egyptian Civilization* (s. S. 46). *Tgl. 9–19 Uhr | Eintritt 300 £E | Midan Al-Tahrir | Downtown | neben dem Nile Ritz Carlton Hotel | egyptianmuseumcairo.eg |* ⏲ *½ Tag | 🕮 c3*

2 BÖRSENVIERTEL

Anfang des 20. Jhs. entwarfen italienische und französische Architekten jenes Kairo, das ihm den Beinamen „Paris am Nil" einbrachte. Viele Häuser verfielen, doch die eleganten, arabisch beeinflussten Art-déco-Gebäude im Börsenviertel wurden zuletzt liebevoll saniert. In den Straßencafés der Fußgängerzone treffen sich wie einst wieder Jung und Alt. *Zwischen Sharia Qasr Al-Nil und Sharia Sabry Abu Alam | Downtown | 🕮 d3*

3 MUSEUM FÜR ISLAMISCHE KUNST ★

10 000 Exponate in 25 Sälen ... puh, alles großartig, aber was musst du wirklich gesehen haben? Den wundervoll ziselierten goldenen Koran aus dem 19. Jh. oder – auch in Saal Nr. 13 – die mit funkelnden Diamanten besetzten Weihrauchbrenner aus derselben Zeit? Die herrlichen Kalligrafien in den Sälen 17 bis 19? In dem Museum, das die umfangreichste und bedeutendste Sammlung islamischer Kunst aus allen Epochen und vielen Ländern vereint, hat man sich etwas einfallen lassen: Wer sich nur auf die Ausstellungsstücke konzentriert, deren Beschilderung goldfarben unterlegt ist, sieht auf einer Speed-Tour in 1–1½ Stunden von

Die Al-Mu'izz-Straße – die trubelige Hauptachse der Altstadt

allem die Highlights. Gebetskanzeln, Leuchter, Fresken, Teppiche, Keramiken, Münzen, Waffen, Textilien u. v. m. *Tgl. 9–17, Fr 11.30–13.30 Uhr geschl. | Eintritt 140 £E | Sharia Bur Sa'id | miaegypt.org | ⏱ 3–4 Std. | 🕮 e3*

4 ISLAMISCHE ALTSTADT ★

Marktfrauen, Mofas, Milchreishändler, Moscheen und an jeder Ecke ein Weltkulturerbe – willkommen in der Altstadt! Es ist ein quirliger Kosmos, den Literaturnobelpreisträger Naguib Mahfouz in seiner wunderbaren Kairo-Trilogie verewigt hat. Die Altstadt erstreckt sich zwischen den Stadttoren Bab Al-Futuh und Bab Zuweila auf 1,5 km Länge. Die Sharia Al-Mu'izz Li-Din Allah bildet ihre quirlige Hauptachse.

Das Viertel ist in den Seitengassen so verwinkelt, dass du es dir wirklich erobern musst – und dafür startest du am besten am erwähnten *Bab Al-Futuh.* Dort befindet sich die hübsche Moschee *Al-Hakim*, auch *Al-Anuar,* Moschee der Lichter, genannt; während der Kreuzzüge diente sie als Gefängnis. Vom Bab Al-Futuh gehst du auf der *Sharia Al-Mu'izz Li-Din Allah* nach Süden. Sie erstrahlt seit einigen Jahren in saniertem Glanz, mit neuem Backsteinpflaster, renovierten Moscheen und Häuserfassaden, die abends angestrahlt werden. Nach rund 300 m erreichst du links die *Darb El-Asfar*, die Gelbe Gasse. Interesse an einem Abstecher zum Thema „Schöner Wohnen im 17. Jh."? Dann schau dir das ottomanische Herrenhaus *Beit Al-Suheimi* an. Die romantischen Innenhöfe und die über 200 opulent verzierten hölzernen Sichtblenden an den Fenstern, die *Ma-*

shrabiyyas, haben was von Filmkulisse. Zurück auf der Hauptstraße kommst du vorbei an Shishahändlern und dem ein oder anderen Minipalast wie dem *Sabil Kuttab* von 1744: unten Brunnenhaus, oben Koranschule. Fast 500 Jahre älter und kolossal ist schräg gegenüber der *Qala'un-Komplex*, nach dem du bald den Basar der Messing- und Goldschmiede erreichst und, jenseits der *Sharia Al-Muski,* schließlich den Markt der Gewürzhändler.

Nun wird's laut, hektisch und modern-orientalisch. Du musst die viel befahrene *Sharia Al-Azhar* überqueren. Auf der anderen Seite wird hergestellt, was selbst ägyptische Kinder meist nur noch aus alten Filmen kennen: *Tarabish,* also ägyptische Fez. Das sind rote Filzhüte, die hier nur mehr in wenigen Werkstätten handgemacht werden.

Ein paar Minuten entfernt erhebt sich das Tor *Bab Zuweila (Eintritt 50 £E).* 48 Stufen sind es zum Dach und nochmals 76 bis ganz hinauf in eines der Minarette – aber der Ausblick ist grandios! Hinter dem Tor verbirgt sich in der *Sharia Khayamiya* die einzige überdachte Marktgasse Kairos, der *Basar der Zeltmacher (Mo–Sa).* Nach alter islamischer Tradition feiern viele Ägypter zu Geburten, Hochzeiten oder im Ramadan in großen Festzelten. Das bunte Patchwork-Tuch dafür nähen die „El Khayamiya", die ausschließlich männlichen Zeltmacher. Bei ihnen findest du farbenfrohe Wandteppiche, Kissenbezüge und Decken. Besonders schön sind die Handwerksstücke mit kunstvollen Kalligrafien, es gibt sie aber auch mit Blumen- und Tiermotiven, Arabesken und Gebetsszenen. ⏱ *½ Tag* | *e–f 2–4*

5 MOSCHEE AL-GHURI

Die Moschee ist ein Schmuckstück mamlukischer Baukunst aus dem 16. Jh. Bei ihrer letzten Sanierung entdeckten Bauarbeiter einen vergoldeten Wandfries, der ein ganzes Jahrhundert lang unter Holzplanken verborgen lag. Für Kinder toll: der Ausblick vom Minarett oben. *Sharia Al-Mu'izz Li-Din Allah/ Ecke Sharia Al-Azhar* | *e3*

INSIDER-TIPP
Geborgener Prunk

6 BASAR KHAN EL-KHALILI

Das weltberühmte Basarviertel westlich des Midan El-Hussein ist gewissermaßen die Mutter aller Basare. Gratulation schon jetzt, wenn du dich hier nicht irgendwann verläufst. In einem Labyrinth unüberschaubar verwinkelter Gassen und Straßen mit Hunderten von Läden, Werkstätten und Kaffeehäusern kann man bis zur Erschöpfung bummeln und stöbern und bei Silber- und Goldschmieden, Gewürzhändlern, Parfümeuren und Kunsthandwerkern sein Geld unter die Leute bringen. Ein Blick in die Seitengassen und Hinterhöfe abseits der Hauptwege lohnt sich. Im Areal am Hussein-Hotel und in der Gasse *Sikket Al-Badestan* haben sich die Händler auf orientalische Souvenirs vom Alabasterbecher bis zum Kamelhocker spezialisiert. Um die Hussein-Moschee herum werden Gebetsteppiche und -ketten, islamischer Wandschmuck und Koranausgaben verkauft. Die *Sharia Al-Mu'izz Li-Din Allah* östlich der Sharia El-Muski gehört den Messing-, Kupfer-, Gold- und Silberschmieden.

Übrigens: Keine Angst vorm Verirren. Die Leute im Basar kennen das schon und weisen gern den richtigen Weg. *Tgl., einige Geschäfte Fr/So geschl.* | *e3*

7 MOSCHEE AL-AZHAR ★

Schwere rote Teppiche, Studenten beim Koranstudium – was für ein erhabener Ort! Rund eine Milliarde sunnitischer Muslime weltweit sehen in der Institution gleichen Namens (er bedeutet „Die Blühende") die höchste Instanz in Glaubensfragen.
Die Moschee wurde 971 erbaut und bald darauf zur Universität erklärt. Allein wegen ihres wunderschönen Innenhofs und der Möglichkeit, für 60 £E das Minarett zu besteigen, solltest du sie unbedingt besuchen. Einen kurzen Powernap machen übrigens auch viele in der Moschee. *Midan Al-Hussein | gegenüber Basar Khan El-Khalili* | *e3*

Eine Stadt in der Stadt ist das Basarviertel Khan El-Khalili

8 ZITADELLE

Salah Al-Din, auch bekannt als Saladin, besiegte die Kreuzritter und errichtete vor über 800 Jahren diese weitläufige Festungsanlage, zu der auch ein Militärmuseum gehört. Ihre heutige Gestalt erhielt sie vor anderthalb Jahrhunderten. Weithin sichtbar thront in der Zitadelle die osmanische *Mohammed-Ali-Moschee (Alabaster-Moschee | zu Gebetszeiten geschl.)* über der Stadt. Neben ihr steht die kleinere *An-Nasir-Moschee. Tgl. 9–16 Uhr | Eintritt 300 £E | zwischen Midan Al-Qal'a und Sharia Salah Salem* | *1–2 Std.* | *e5*

9 MOSCHEE SULTAN HASSAN

Der festungsähnliche Bau von 1372 besaß viele Jahrhunderte lang das höchste Minarett der Stadt. Beeindruckend sind die prächtigen Bronzeportale, hinter denen sich das Mausoleum des Sultans befindet. In der benachbarten *Rifa'-Moschee* ist Reza Pahlei (1919–1980), der letzte Schah von Persien beigesetzt. *Midan Al-Qal'a* | *e5*

10 MOSCHEE IBN TULUN ★

Fachleute halten diese Moschee für eine der schönsten der Welt. Zwischen 876 und 879 errichtet, wurde ihre harmonische, klare Gestalt seitdem kaum verändert. Hier gilt es, eine Katze ausfindig zu machen – im angeschlossenen *Gayer-Anderson-Museum (tgl. 9–16 Uhr | Eintritt 80 £E | 1 Std.)*. Der kleine Palast zeigt historische Wohnkultur in zwei mamlukischen Adelshäu-

INSIDER-TIPP
Audienz bei der Katzenqueen

sern. Berühmt ist die hier inzwischen nur noch als Replik vorhandene, 42 cm hohe Statue der pharaonischen Katzengöttin *Bastet*. *Midan Ahmed Ibn Tulun | Sayyida Zeinab | d5*

11 NATIONAL MUSEUM OF EGYPTIAN CIVILIZATION (NMEC)

Das Museum zeigt neben pharaonischem Schmuck, Holz- und Töpferarbeiten, ein besonderes Exponat: den aus ptolemäischer Zeit stammenden, über 2000 Jahre alten, vergoldeten Sarg des Priesters Nedjemankh. Er war nach den Unruhen 2011 aus dem Land geschmuggelt und ans New Yorker Metropolitan Museum of Art verkauft worden. 2019 wurde der Goldsarg auf Beschluss der US-Behörden an Ägypten zurückgegeben. Im Gold erkennt man Beerdigungs- und Mumifizierungsszenen. Publikumsmagnet sind die wundervollen Königsmumien (Ramses II. & Co.) aus dem Ägyptischen Nationalmuseum. *Tgl. 9–17 Uhr | Eintritt 240 £E | Sharia el-Fustat | Ain el-Sira | Fustat | nmec.gov.eg | 1 Std. | 0*

INSIDER-TIPP
Der goldene Priester

12 KOPTISCHES VIERTEL ★

Nicht wundern: Die Polizeipräsenz ist aus Sicherheitsgründen am Zugang zum koptischen Viertel sehr groß. Das Viertel Alt-Kairo *(Masr Al-Qadimah)*, von Griechen und Römern Babylon genannt, ist älter als der islamische Stadtkern und wird von orthodoxen Christen bewohnt. Auf wenigen Metern sieht man hier einige der schönsten und ältesten Kirchen Ägyptens, teilweise sind sie tief in das Erdreich eingesunken.

Für den schnellen Besuch geht's gleich zur *Al-Muallaqah,* der über 1000 Jahre alten *Hängenden Kirche* mit ihren barock wirkenden Türmen. In der Krypta der frühchristlichen *Basilika St. Sergius* soll sich die Heilige Familie auf der Flucht versteckt haben. Die Synagoge *Ben Ezra* wiederum soll an dem Ort stehen, wo Moses als Baby im Korb gefunden wurde.

Lohnt einen Abstecher: 400 m nördlich des Viertels steht die älteste Moschee Ägyptens, die *Amr Ibn Al-'As*, mit riesigem Innenhof und Arkaden. *Nahe der Metrostation Mar Girgis | 2–3 Std. | 0*

13 KOPTISCHES MUSEUM

Ikonen, Mosaike, Friese in strahlenden Farben – quicklebendige frühchristliche Kunst (4.–11. Jh.) bekommst du hier zu sehen; ein toller Überblick über die Kunst der Kopten, der ägyptischen Christen, mit Stücken aus Kirchen und Klöstern im ganzen Land. *Tgl. 9–17 Uhr | Eintritt 150 £E | Koptisches Viertel | Alt-Kairo | copticcairo.com | 1–2 Std. | 0*

14 CAIRO TOWER

Der Ausblick hat's in sich. Wenn Kairos Dunstglocke aufreißt, könnt ihr von der Aussichtsplattform des 187 m hohen Turms aus sogar die Pyramiden sehen. Café und Drehrestaurant sind so lala. *Tgl. 9–1 Uhr | Eintritt 225 £E, Kinder bis 6 J. frei | Eintritt Café ab 100 £E | Nilinsel Gezira im Zentrum | Tel. 02 27 36 51 12 | 45 Min. | b3*

15 MUSEUM FÜR MODERNE ÄGYPTISCHE KUNST

Die anmutige Frau mit dem Federfecher im blauen Kleid (Ahmed Sabry, 1931) in der Nische rechts neben dem Eingang, Mahmoud Saids riesiges Alexandria-Ölgemälde „The City" (1937) mit drei Frauen im Vordergrund und Adel Tarwats auf Holz montierte Collage (2011) mit u. a. Kissen, Briefmarken, Briefen – das sind drei der vielen Höhepunkte ägyptischer Kunst vom Anfang des 20. Jhs. bis heute. *Di–Do, Sa/So 10–20 Uhr | Eintritt frei | Sharia Mahmoud Mukhtar | Gezirah Exhibition Grounds | schräg gegenüber der Cairo Opera | 1–2 Std. | b4*

16 MAHMOUD MUKHTAR MUSEUM

Drei Frauenskulpturen zählen hier zu den bezauberndsten von 80 Exponaten: Gleich am Eingang steht die barbusige Marmorgöttin Isis, eine anmutige Skulptur, die im pharaonischen Stil die moderne Ägypterin darstellt. In grünem Gips überragt dich ein paar Schritte weiter eine pharaonisch inspirierte Justitia mit Schwert, Waagschale und Augenbinde, diese aber über dem Arm getragen. Und im Untergeschoss stößt du auf die grazile „Braut des Nils", Allegorie für das Nil-Land Ägypten. Schöpfer dieser Skulpturen ist der hier im Museum beigesetzte Bildhauer Mahmoud Mukhtar (1891–1934). Er gilt als Vater der modernen ägyptischen Kunst. Marmor, Basalt und Granit sind u. a. seine Materialien.

Für Mukhtars wohl berühmtestes Werk musst du aber Richtung Kairoer Uni fahren. An der Gama'a-Brücke steht neben einer riesigen Sphinx eine Frau und entledigt sich des

Schönheit von stolzem Alter: die Hängende Kirche aus dem 11. Jh.

Schleiers: „Ägyptens Erwachen" (1928) steht für die Befreiung von der britischen Kolonialherrschaft. *Museum Sa–Do 8–13 Uhr | Eintritt 20 £E | Sharia Al-Tahrir 5 | südl. des Opernhauses | 1 Std. | b4*

17 PHARAONIC VILLAGE

Nicht nur Kinder sind begeistert von diesem lebenden Museum. Über 100 kostümierte Statisten stellen das Leben im Alten Ägypten nach. Auf einem Boot fahrt ihr auf dem „mythologischen Kanal" durch Papyrusplantagen, vorbei an Pharaonen, Handwerkern und Bauern. Dazu gibt es Nachbildungen von Gebäuden wie Tempeln und Bauernhäusern, Ausstellungen sowie Cafés. *Tgl. 9–17, Sommer bis 19 Uhr | Eintritt 150 £E, Kinder 60 £E | Sharia Al-Bahr Al-Aazam 3 | auf einer Nilinsel in Giza | pharaonicvillage.com | 0*

ESSEN & TRINKEN

CRIMSON

In der hippen Restaurant-Bar kannst du frühstücken und brunchen. Die schicke Masse aber strömt erst ab 22 Uhr in den angesagten Treff, der mit aufwendigen Events wie Modenschauen Aufsehen erregt. Die Speisen – mediterrane Teller, aber auch Sushi – sind gut bis sehr gut, die Cocktails in Ordnung. *Tgl. 8–2 Uhr | Sharia Kamal Al Tawil 16 | Zamalek | Tel. 012 75 05 55 55 | crimsoncairo.com | €€€ | b1*

PUB 28

Der Laden hat Kultstatus: Schnitzel, Hühner-Negresco, Filet Poivre sind die Speisenklassiker. So ruhig es hier mittags ist, so ausgelassen geht es bei Arab-Pop oft am Abend zu. In dem alteingesessenen Pub, das die Muslimbrüder während ihrer kurzen Herrschaft schließen wollten, wird nach dem Essen gesungen und getanzt, getrunken, gefeiert – und viel junges Publikum ist mit dabei. Die selbst gemachte Sangria gibt es wie alle Alkoholika auch im Ramadan. *Tgl. 12–2 Uhr | Sharia Shagaret El Dur 28 | Zamalek | Tel. mobil 0122 2 28 28 28 | €€ | b2*

ANTIQUE KHANA

Eine alte Bürgerwohnung, in den Regalen Bücher in vielen Sprachen, das Mobiliar antik, an den Wänden Gemälde, überall Holzvertäfelung: Das Café, das auch kleine Gerichte anbietet, ist ein nostalgisches Refugium mitten im belebten Zamalek. Die Atmosphäre ist einfach bezaubernd. *Tgl. 9–1 Uhr | 8 Brazil Street | Zamalek | Tel. mobil 0122 2 16 84 58 | € | b1*

INSIDER-TIPP
Pause vom Trubel

ZÖÖBA

Wie wär's mit süß-scharfem Blumenkohl und *Hawawshi* (Rinderhack, Karotten, Zwiebel, Paprika, Koriander im Fladenbrot)? Hier gibt es klassische ägyptische Küche, die im Haute-Cuisine-Stil zubereitet wird. Für alle Fans von *Kushari, Fuul* und *Taamiyya,* die es gern aufgeräumter mögen und lokales Streetfood aus Sorge ums Wohlsein sonst eher meiden. *Tgl. 8–1 Uhr | Sharia 26th of July 132 | Zamalek | Tel. mobil 0127 4 80 05 51 | zoobaeats.com | €€ | b2*

ABOU EL-SID

Hier sitzt du auf güldenen Pseudobarockstühlen, wählst aus den ägyptischen Gerichten und hörst klassische und moderne arabische Musik. Probier am besten das Joghurtgericht Kishk. Für Shisharaucher gibt es 20 Tabaksorten. *Tgl. 12–2 Uhr | Sharia 26th of July 157 | Zamalek | Eingang um die Ecke | Tel. 02 27 35 96 40 | abouelsid.com | €€–€€€ |* *b2*

RESTAURANTSCHIFFE

An Zamaleks östlichem Nilufer reiht sich ein Restaurantschiff an das andere. Eine Institution unter ihnen ist *Le Pacha 1901 (tgl. | Saray El Gezira | Zamalek | Tel. 02 1 99 82 | lepacha.com | €€–€€€)*, vor allem wegen seines bekannten Steaklokals und der Bar J.Z. Auf dem *Blue Nile Boat (tgl. 12–3 Uhr | Saray El Gezira 9 | nördl. der Brücke 6th of October | Tel. 02 27 37 17 27 | Facebook | €€)* geht's nach dem Dinner (libanesisch, orientalisch, italienisch) in der *Asia Bar* oder auf dem *Moon Deck* bis zum Morgen rund. *b3*

Restaurantschiffe wie das Le Pacha 1901 sind schwimmende Paläste auf dem Nil

PIER 88

Frittierte Calamari, Vitello tonnato und Tonna in crosta (Thunfisch in Kruste) sind hier drei der Leckerbissen. Auf dem *Imperial Boat* trifft sich zu Bier, Wein, Cocktails und Champagner die etwas betuchtere Szene. Die Bar ist riesig, die Tische an der Reling mit Brise und Blick aufs Nilufer sind begehrt. *Tgl. 13–3 Uhr | Imperial Boat | Saray El Gezira 19 | Zamalek | Tel. mobil 0120 8 11 11 40 | €€–€€€ |* *b3*

THE PHARAOS CRUISING RESTAURANTS

Vielleicht doch mal Touri-Folklore mitmachen, der Aussicht wegen? Die beiden Schiffe von The Pharaos und die Feluke für 20 Gäste sind ein altägyptisches Disneyland mit Büfett und

Bauchtanz. Täglich laufen sie zu zwei- bis dreistündigen Lunch- und Dinnertouren aus. Termine telefonisch erfragen. Abgelegt wird am Four Seasons Hotel in Giza. *Sharia Al-Nil 138 | Tel. mobil 0155 2 22 00 41 | €€€ | b2–5*

TABOULA

Romantisch, levantinisch und urgemütlich. Das Restaurant in der Nähe der amerikanischen Botschaft hat eine der besten libanesischen Küchen der Stadt. Die Auswahl an *Mezze* und anderen Speisen sowie deren Qualität sind großartig. Da schafft man's kaum bis zum Hauptgang. *Tgl. 12–2 Uhr | 1 Latin America Street | Garden City | Tel. 02 27 92 52 61 | taboula-eg.com | €€ | c4*

INSIDER-TIPP
Kurztrip in den Libanon

CAFÉ RICHE

Eine Institution! Schriftsteller und Künstler diskutieren hier bei Bier oder Kaffee. Die über 90 Jahre alte Oase der Ruhe in der Hektik rundum wurde mit Liebe für historische Details renoviert; serviert wird mediterrane Küche. *Tgl. 10–24 Uhr | Sharia Talaat Harb 17 | Downtown | Tel. 02 23 92 97 93 | €€ | c3*

AKHR SA'A

Der letzte Schrei, das bedeutet der Name des populären Imbisses. Es ist oft der Hungerschrei von Nachtschwärmern, die hier zuhauf auflaufen und *Taamiyya*, Omeletts, Kebab oder *Kibda Iskanderani*, würzig gebratene Leber, ordern. Kein Alkoholausschank. *Tgl. rund um die Uhr | Sharia Alfi 8 | Taufiqiyya | € | d2*

NAGUIB MAHFOUZ

Die gemischte Vorspeisenplatte und ein *Karkadeh* (Malvenblütentee) sind optimal für den Hunger zwischendurch im hektischen Basar. Das Café-Restaurant, das aus einem der Bücher Naguib Mahfouz' stammen könnte, bietet abends oft traditionelle arabische Livemusik; kein Alkoholausschank. *Tgl. 10–2 Uhr | Sikket Al-Badistan 5 | Khan El-Khalili | Tel. 02 27 95 73 77 | €–€€ | e3*

AL-FISHAWY

Wer Fishawy nicht gesehen hat, hat Kairo nicht gesehen. Nirgendwo ist das geschäftige Treiben auf dem Basar bei einem Tee oder Mokka so schön zu beobachten wie hier. Das älteste Kaffeehaus der Stadt ist eine Legende. Kein Alkoholausschank. *Sa–Do 8–24 Uhr | Midan Al-Hussein | Khan El-Khalili | hinter dem Hotel El-Hussein | Downtown | €–€€ | e3*

CITADEL VIEW STUDIO MISR

Den wundervollen Garten nördlich der Zitadelle, auf den du hier blickst, stiftete die Agha-Khan-Stiftung. Es gibt ägyptische Küche auf Kairos schönster Terrasse im Al-Azhar-Park. *Tgl. 10–24 Uhr | Parkeintritt 10 £E | Haupteingang Sharia Salah Salem | Tel. 02 25 10 38 68 | azharpark.com | €€ | f4*

INSIDER-TIPP
Mit Blick ins Grüne schlemmen

SHOPPEN

BASHAYER

In dem hübschen Geschäft kaufen Kairoer, wenn sie erstklassiges Kunst-

Authentisch ägyptisch: Al-Fishawy ist eine Institution unter Kairos Kaffeehäusern

handwerk wie arabische Sitzkissen, orientalische Lampen oder Wandteppiche suchen. *Tgl. 10–22 Uhr | Sharia Musaddaq 58 | Dokki | bashayer.store; weitere Filiale im Citystars (s. Shoppingmalls) | a4*

FAIR TRADE EGYPT

Der Khan-El-Khalili-Basar in ganz klein, nur ohne Feilschen. Produkte wie Korb- und Töpferwaren, Textilien, Holzarbeiten, Lampen *made in Egypt* zu fairen Preisen und in bester Qualität. Eingang im ersten Stock. *Sa–Do 9–20, Fr 10–20 Uhr | Sharia Yehia Ibrahim 27 | Apt. 8 | Zamalek | Facebook | b2*

DIWAN

Die Buchhandlung verkauft übersetzte arabische Literatur (in Deutsch, Englisch, Französisch). Und einen Minztee oder Kaffee kannst du hier auch beim Schmökern trinken. Mehrere Filialen. *Tgl. 9–22 Uhr | Sharia 26th of July 159 | Zamalek | diwanegypt.com | b2*

LEHNERT & LANDROCK

Die Pyramiden vom Nil aus fotografiert, ein Zeppelin über der Cheopspyramide – vielerorts werden Reproduktionen von historischen Aufnahmen aus der Zeit von 1924 bis 1930 für viel Geld angeboten. Hier gibt's die autorisierten Nachdrucke der Bilder sehr viel günstiger und in fast jeder Größe, denn die Gründer der Buchhandlung haben die Aufnahmen damals noch auf Platte gebannt. Auch für Ägyptenliteratur ist der Laden eine Fundgrube. *Tgl. 10–19 Uhr | Abd El-Khalek Sarwat Street 36 | 1. Etage | Downtown | Facebook: Lehnert and Landrock Bookshop | d3*

INSIDER-TIPP
Cheops mit Zeppelin erstehen

CREATIVE EGYPT

Perfektes Ethno-Kunsthandwerk: Glas, Kupfer, Holz, Leder, Alabaster, Marmor, Silber ... Du findest Design, das Moderne und Tradition verschmilzt, von der Vase bis zum handgeknüpften Teppich. Die Stücke kommen aus Hunderten Werkstätten in ganz Ägypten. *Im National Museum of Egyptian Civilization (NMEC) | 2. Etage | creativeegypt.org | 🕮 0*

INSIDER-TIPP
Trendig und nachhaltig

HUSSAM ABDEL-ZAHER

Nichts für E-Mail-Schreiber: Hier sind Notizbücher, Sammelkartons und Zettelkästchen aus edlen Materialien von den besten Buchbindern der Stadt erhältlich. *Tgl. 10–21 Uhr | Gallery N1 Mall | Souq El Fustat | neben der Moschee Amr Ibn Al-'As | 🕮 e3; weitere Filiale: 5216 Road 55 off Street 9 | am Mont Cairo Hotel | Mokattam | 🕮 0*

SHOPPINGMALLS

Kairos Einkaufscenter sind laute, klimatisierte Konsumtempel. Zu den rund 800 Geschäften im *Citystars (tgl. 11–23 Uhr | Sharia Omar Ibn El Khattab | Heliopolis | citystars-heliopolis.com.eg | 🕮 0)* gehören auch Filialen internationaler Ketten. Ähnlich ist das Angebot (u. a. Marks & Spencer) der *Cairo Festival City Mall (tgl. 9–24 Uhr | 5th Settlement | New Cairo | cairofestivalcity.com | 🕮 0).*
Die *First Mall (tgl. 10–2 Uhr | Sharia Al-Giza 35 | firstmallcairo.com | 🕮 a5)* ist das exklusive Glanzstück. Hier findest du Designerläden auf drei Etagen und dazu ein Gourmetcafé im Atrium.

SPORT & SPASS

CAIRO WALKING TOURS

Fast gratis auf Touren: Museen, Downtown, koptisches und islamisches Kairo sowie das Pyramidengebiet sind die

Lust auf Jazz? Auf der Bühne vom El Sawy Culture Wheel wird auch gejammt

Standardrouten. Man trifft sich, ist 4–6 Std. unter fachkundiger Führung unterwegs und am Ende bezahlt jeder dem Guide, was er für angemessen hält. Für alleinreisende Frauen sind die „Girls Tours" interessant, ins Leben gerufen wurden sie von Uni-Absolventinnen, die auf den männerfreien Touren ihre Stadt zeigen. *Sharia el Haram 8 | Nasr el Deen | Gizeh | Tel. mobil 0111 2 22 73 50 | cairowalkingtours.com*

EGYPT BREEZE TOURS

Mal Quadbiken statt Kamelreiten? Bei der Tour erkundest du das riesige Pyramidenplateau. Wo und wann ihr euch trefft, macht ihr bei der Anmeldung aus. *Kosten je angefangene Stunde 350 £E/Person | 20 Talat Harb | Downtown | Tel. mobil 0100 1 97 14 52 | egyptbreezetours.com*

AUSGEHEN & FEIERN

CAIRO JAZZ CLUB

Der einzige wirkliche Livemusikclub in Kairo – inklusive Festivals und Partys; die Programmvorschau gibt es auf *cairojazzclub.com*. *Tgl. ab 20 Uhr | Sharia 26th of July 197 | Mohandessin | Tel. mobil 0106 8 80 47 64 | ⊞ a1*

EL SAWY CULTURE WHEEL

Rock, Pop, Jazz, Theater, Lesungen, arabische wie westliche Klassik: Kein Kairoer Club ist vielseitiger. *Tgl. 8–23 Uhr | Sharia 26th of July | Zamalek | unter der Hochstr. am Nilufer Richtung Mohandessin | Tel. mobil 0100 0 99 99 95 | culturewheel.com | ⊞ a2*

APERITIVO

T-Shirt und Jeans bleiben zu Hause. Man darf sich ruhig aufbrezeln, vor allem wenn man ohne Reservierung die sehr freundlichen Türsteher überzeugen will. In der Bar-Lounge mit italienisch geprägter Speisekarte versammelt sich zu Dinner und Drinks ein hippes Publikum. *Tgl. 16–24 Uhr | Sharia 26th of July 157 | im 1. Stock der Baehler's Mansion | Zamalek | Tel. mobil 0122 2 13 23 57 | ⊞ b2*

MARRIOTT GARDEN CAFÉ

Eine lange Promenade, beiderseits Restauranttische – hier sitzt man an einem Laufsteg zum Sehen und Gesehenwerden. Der Garten ist ideal für Sommernächte unter Palmen bei Bier, Wein, einer Shisha und orientalischen Gerichten. *Tgl. 10–1 Uhr | Cairo Marriott Hotel & Omar Khayyam Casino | Saray El Gezira 16 | Zamalek | ⊞ b2*

CAIRO OPERA

Okay, Figaro und Aida mögen nicht jedermanns Sache sein, aber vielleicht das Cairo Symphony Orchestra? Neben Opern und Klassikkonzerten gibt es auch Ballett und Jazz – klassisch bis modern. Häufig gastieren internationale Ensembles. Das Haus ist übrigens ein Geschenk der japanischen Regierung. *Reservierung/Verkauf tgl. 10–15 und 16–21 Uhr | Tickets ab 65 £E | Sharia Al-Tahrir | unweit des Cairo Towers | Nilinsel Gezirah | Tel. 02 27 39 02 99 | cairoopera.org | ⊞ b4*

EL-HORREYA

Nicht schick, nicht hip, aber klasse. Nur wenige Touristen verirren sich in

Kairos beliebteste Baladi-Bar, in der einfache Bürger auf die regionale Künstlerszene treffen; gute Gespräche, günstiges Bier. *Tgl. 15–24 Uhr | Sharia El Mazloum 2 | Downtown |* *0*

AL-TANNOURA EGYPTIAN HERITAGE DANCE TROUPE

Tanzshows hat fast jedes Hotel. Doch die sich in Trance tanzenden „Whirling Dervishes" sind das einzig Wahre. *Mo, Mi und Sa 19.30 Uhr | Eintritt frei | Wekalet Al-Ghouri | Sharia Sheikh Mohamed Abdou 3 | unweit Sharia Al-Azhar/Ecke Al-Mu'izz Li-Din Allah | Tel. 02 25 10 71 46 |* *e5*

THE TAP BAR & GRILL

Vorweg: Ohne Reservierung läuft nichts, denn hier gehen ziemlich angesagte Partys ab. Mittwochs bis samstags gibt's Livemusik, DJs sowieso. Ruhig, im Sinne von Konversation ohne gegenseitiges Anbrüllen, ist es nur zur Happy Hour von 17 bis 20 Uhr. *Tgl. 15–1 Uhr | Road 257, Building 17 | Maadi | thetap.co | Tel. mobil 0106 0 00 08 65 | Maadi |* *0*

RUND UM KAIRO

WADI DEGLA

18 km, ca. 40 Min. Autofahrt ab Tahrir-Platz in Kairo

Nur 15 Autominuten südlich des Kairoer Vororts Maadi ist man schon der Hektik der Stadt entflohen. Viele zieht

INSIDER-TIPP
Chillen am Wüstenrand

es zum Wandern, Mountainbiken, zum Picknicken oder einfach nur zum Abhängen ins Wadi Degla, ein 60 km² großes Naturschutzgebiet in der Östlichen Wüste. *Tgl. 8–18/19 Uhr | Wadi Degla Protectorate | Zahraa al Maadi |* *E4/5*

PYRAMIDEN VON GIZEH ★

23 km, 30 Min.–1½ Std. Autofahrt ab Tahrir-Platz in Kairo

Wenn es einen magischen Ort in Kairo gibt, dann bist du jetzt genau dort. Das letzte noch erhaltene Weltwunder der Antike, Baubeginn um 2600 v. Chr., befindet sich am Stadtrand. „40 Jahrhunderte blicken auf euch herab", soll Napoleon hier angeblich seinen Soldaten ergriffen zugerufen haben.

Die größte ist die Pyramide von Khufu, besser bekannt unter dem Namen Cheops: mit heute gut 137 m Höhe und einer Seitenlänge von 230 m. 2,5 t wiegt im Schnitt jeder der ca. 2,3 Mio. verbauten Blöcke. Schätzt man die Bauzeit großzügig auf 30 Jahre, hieße das, dass über den gesamten Zeitraum hinweg alle sieben Minuten ein Block herangeschafft, hochtransportiert und eingefügt worden sein muss – eine unglaubliche logistische Leistung.

Aber warum Pyramiden? Ging's nicht eine Nummer kleiner? Pyramiden waren der Ort, an dem der gottgleiche Herrscher nach dem Tod weiter seines Amtes waltete: die Residenz des verstorbenen Pharaos, genau auf der Grenze zwischen dem Reich der Lebenden und der Toten, zwischen fruchtbarem Land und Wüste.

Auf dem Plateau von Gizeh stehen die Pyramiden von *Cheops, Chephren* und *Mykerinos*, erbaut während der 4. Dynastie, vor über 4500 Jahren. Ihre schlichten Grabkammern kannst du besichtigen. Das Erlebnis ist der Aufstieg; übrigens nichts für Leute mit Platzangst.

Unterhalb der Pyramiden bewacht die 20 m hohe *Sphinx* das Reich der Toten. Die berühmte Statue mit dem Löwenkörper und dem Menschenkopf heißt auf Arabisch *Abu Al-Hul*, Vater des Schreckens.

Die Sonnenbarke, die hier früher einen eigenen, inzwischen abgerissenen Museumsbau hatte, findest du nun im Grand Egyptian Museum (s. u.). *Tgl. 7–18 Uhr | Eintritt nur Pyramidenareal 360 £E, Mers-Ankh-Grab 50 £E, All-inclusive-Ticket samt des Inneren der Cheopspyramide 600 £E |* *½ Tag*

Bleibt noch das Problem: Wie alle Pyramiden auf ein Foto kriegen? Eine Anhöhe südwestlich des Geländes ermöglicht besonders in den Morgen- und Abendstunden einen wunderschönen Ausblick auf alle drei Baudenkmäler und das Niltal. Pferde- und Kamelführer bieten Ausritte dorthin an – doch Achtung: Mit Souvenirhändlern, Bakschischjägern und Softdrinkverkäufern lauern sie Touristen schon am Eingang auf. Empfehlenswert ist die abendliche *Sound and Light Show (soundandlight.show)* unterhalb der Sphinx, bei der die Pyramiden in mystischem Glanz erstrahlen. Sie findet im Sommer täglich um 19.30 und 20.30 Uhr und im Winter um 19 und 20 Uhr in englischer Sprache, sonntags auch auf Deutsch statt.

Imposant wird es auch im *Grand Egyptian Museum (GEM | Öffnungszeiten u. Eintritt standen bei Redaktionsschluss noch nicht fest | Midan El Remayah | visitgem.com):* Das bei den Pyramiden neu gebaute Mega-Museum mit Parks, Gärten, Restaurants wird seit 2023 schrittweise eröffnet. Hier bekommt fast der gesamte Fund aus dem Pharaonengrab von Tut-anch-Amun ein schickes Zuhause – über 5000 Exponate! So umfassend wurde der Grabschatz noch nie zuvor gezeigt. Im GEM ist auch die *Sonnenbarke* ausgestellt, zusammengesetzt aus über 1000 Einzelteilen, die 1954 neben der Cheopspyramide gefunden wurden. Sie ist ein weiterer Beweis für die unvorstellbar weit entwickelten technischen Fähigkeiten der alten Ägypter. *Anfahrt zu den Pyramiden mit Uber aus der Innenstadt für ca. 120 £E, von der Metrostation Al-Giza 25 £E |* *E4*

MEMPHIS & SAQQARA ★

32 km, 1–1½ Std. Autofahrt von Kairo Downtown

Noch ein bisschen Pharaonen-Gestein gefällig? 15 km südlich der Gizeh-Pyramiden erstrahlte *Memphis* unter dem Namen *Mennefer-Pepi* jahrtausendelang als riesige Metropole dieses Imperiums. Aber alles hat ein Ende. Wenig ist von dieser großen Ära übrig. Auf einem Teil des Geländes befindet sich heute das Dorf *Mit Rahina*. In einem Schutzbau *(Eintritt 140 £E)* ist der riesige Torso einer Statue von Ramses II. aufgebahrt. 200 m westlich des Hauses steht die *Alabastersphinx*, die im Jahr 1912 freigelegt wurde.

Im Gegensatz zu Memphis bietet sich dir mit *Saqqara,* der dazugehörigen Totenstadt, ein großes Areal, das reich an Tempeln und Grabstellen ist *(Eintritt 300 £E)*. Die *Stufenpyramide Djosers,*

Koloss von Memphis: Statue von Pharao Ramses II. in Mit Rahina

2650 v. Chr. von Imhotep erbaut, gilt als erstes monumentales Steinbauwerk der Menschheit. Das ganze Gelände ist immer noch ein gefragtes Grabungsareal. Im Jahr 2019 wurden in einer Grabkammer erstmals mumifizierte Löwenbabys (7. Jh. v. Chr.) entdeckt, 2022 dann 250 Sarkophage und 150 Bronzestatuen, darunter eine des Imhotep. 2023 folgten weitere Gräber sowie die Mumie des 15-jährigen „Goldjungen" Hekaschepes, 4300 Jahre alt, mit Blattgold bedeckt, vollständig erhalten. Der Sensationsfund soll im Ägyptischen Nationalmuseum ausgestellt werden.

Seit einiger Zeit kannst du auch wieder das restaurierte *Serapeum* besichtigen, eine riesige unterirdische Grabanlage für die heiligen Apis-Stiere. In 20 Kammern, in denen die Stiermumien beigesetzt wurden, stehen Sarkophage aus schwarzem und rotem Granit oder Kalkstein, jeder aus einem einzigen Block geschnitten, jeder rund 65 t schwer. Fast alle wurden von Grabräubern aufgebrochen.

INSIDER-TIPP
Das Beste kommt zum Schluss

Der schönste Sarkophag ist der ganz hinten rechts aus schwarzem, fein poliertem Granit, zu dem du über eine Treppe hinabsteigen kannst. *Tgl. 8–16 Uhr | ½ Tag |* *E5*

OASE AL-FAYOUM

105 km, 1½–2 Std. Autofahrt von Kairo Downtown

Genug von der Stadt, raus aufs Land! Eine Tagestour bringt dich nach Fayoum. Die Oase südwestlich von Kairo erreichst du am besten mit dem Auto. Eine Attraktion im Ort ist Muhammad Ablas *Karikaturenmuseum (Fr–So 11–17 Uhr | Eintritt frei | Tunis Village | fayoumartcenter.com).*

INSIDER-TIPP
Auf KarikaTour

Es erzählt eineinhalb Jahrhunderte ägyptischer Geschichte in meist politischen Cartoons aus Zeitungen und Magazinen. Karikiert werden u. a. britische Besatzer, Regierende, moderne Fanatiker. Sehenswert ist auch das Souq-Viertel südlich der über 500 Jahre alten *Moschee Quait-Bey.*

Mit Blick auf den Qarun-See sitzt du beim Nachmittagstee im Garten des *Helnan Auberge Hotels Fayoum (Tel. 84 2 98 12 00 | short.travel/aeg27),* es war früher ein Landsitz des Königs. *D6*

SCHÖNER SCHLAFEN IN KAIRO

ORIENTALISCHER CHARME

Im *Le Riad Hotel de Charme (Sharia Al-Mu'izz Li-Din Allah 114 | Alt-Kairo | Tel. 02 27 87 60 75 | leriadcairo.com | 17 Zi. | €€€)* wohnst du nahe dem Bab Zuweila mitten im islamischen Kairo in barock möblierten und farbenreich gestalteten Zimmern. Tolle Dachterrasse.

ZU GAST IM PALAST

Das *Cairo Marriott Hotel (Sharia El Gezira 1 | Zamalek | Tel. 02 27 28 30 00 | short.travel/aeg26 | 1087 Zi. | €€€)* war einst ein Pascha-Palast. Beiderseits dieses Hauptgebäudes erheben sich die Hoteltürme mit tollem Ausblick. Highlight ist der Garten mit Café und Restaurants.

OBERÄGYPTEN

WILLKOMMEN BEI DEN PHARAONEN

Behäbig fließt der breite Nil vor sich hin. Die Ufer grün, mit Feldern, Gärten, Plantagen. Dann ein Schnitt, wie mit dem Lineal gezogen – Wüste! Über Luxor bis Assuan und weiter nach Abu Simbel führt die klassische Nilreise, die noch heute ein kleines Abenteuer ist.

Wenn Ägypter stolz von ihrem Land als Wiege der Zivilisation sprechen, dann meinen sie vor allem diesen schmalen Streifen links und rechts des Nils. Hier locken einige der faszinierendsten Kulturdenkmäler der Geschichte: Abydos, wo die weltweit ältesten Texte gefun-

Beim Karnak-Tempel von Luxor ragt ein beeindruckender Säulenwald in den Himmel

den wurden, das Amarna von Pharao Echnaton und Nofretete, das hunderttorige Theben, Luxor, Philae, Abu Simbel. Als im 19. Jh. Forschungsreisende Superlative wie „unbegreifliche Tempelwelt", „Stadt von Riesen" oder einfach „kolossal" in ihre Notizbücher schrieben, war diese Welt – das Alte Ägypten der Hieroglyphen und Pharaonen – buchstäblich längst im Wüstensand versunken, manchmal bis an das obere Ende der Tempelsäulen. Die Entdeckungen lösten eine wahre Ägyptomanie in Europa aus, die bis heute nicht aufgehört hat.

OBERÄGYPTEN

MARCO POLO HIGHLIGHTS

★ **TEMPEL DER HATSCHEPSUT**
Die terrassenförmige Anlage der Pharaonenkönigin liegt malerisch vor leuchtend gelben Felshängen ➤ S. 64

★ **TAL DER KÖNIGE**
Das berühmteste der thebanischen Gräberfelder auf Luxors Westseite ➤ S. 64

★ **LUXOR-TEMPEL**
Abends wirkt das beleuchtete Heiligtum besonders geheimnisvoll ➤ S. 67

★ **KARNAK-TEMPEL**
Die Säulen dieser Tempelanlage in Luxor sind weltberühmt ➤ S. 67

★ **EDFU**
Der Horus-Tempel in Edfu gilt als die am besten erhaltene Anlage in ganz Ägypten ➤ S. 72

★ **ELEPHANTINE**
Besichtige in Assuan Überreste der 5000 Jahre alten Siedlung Yebu und antike Tempelruinen ➤ S. 74

★ **PHILAE**
Mit dem Motorboot geht's in wenigen Minuten zum auf der Tempelinsel thronenden Isis-Heiligtum ➤ S.75

★ **ABU SIMBEL**
Kolossaltempel am Ufer des Nasser-Stausees südlich von Assuan ➤ S. 77

Eastern
Desert
AL-BAHR-AL-AHMAR
El Gouna
Hurghada
Red Sea
Safaga
Sohag
Al-Manshah
Girga
Balyana
2 Abydos
Dishna
Dendera
1
Qena
90 km, 1½ Std.
105 km, 1-1½ Std.
Nag Hammadi
Qift
Qus
Tal der Könige
Karnak-Tempel
Tempel der Hatschepsut
Luxor
S. 62
Luxor-Tempel
Al Deir
3 Esna
220 km, 3-3½ Std.
4 Edfu
Al Ridisiya Qibli
Faris
290 km, 3-3 ½ Std.
5 Kom Ombo
Daraw
6 Abu Simbel
Elephantine
Assuan
S. 73
Philae

LUXOR

(□ H14) **Luxor ist großes Theater und gleicht einer Bühne, auf der verschiedene Schauspieltruppen aufeinandertreffen.**

Die Pharaonen, die es nie unter der Ewigkeit machten und damit bis heute Erfolg haben, locken Millionen von Touristen aus aller Welt an: Amerikaner, die fließend Hieroglyphentexte lesen können, Japaner in großen Gruppen, Europäer, die sich mit Taxifahrern ums Geld streiten. Das alles geschieht in einer Kulisse aus antiken Tempeln, McDonald's und Souvenirständen.

Während es fast überall im Land ausreicht, sich einen Tag lang treiben zu lassen, um am Abend die netten Begegnungen und Einladungen nicht mehr an einer Hand abzählen zu können, musst du dir hier andauernd deinen Freiraum erkämpfen. Ignoriere konsequent Taxifahrer, Souvenirhändler und Pferdekutscher, wenn du nichts von ihnen willst.

INSIDER-TIPP
Ausklang im Osten

Besuch die Tempel auf der Ostseite des Nils besser am späten Nachmittag. Und nimm dir ein Hotel auf der Westseite, wenn du mehr Ruhe haben möchtest.

Der Großraum Luxor hat etwa 1,4 Mio. Einwohner, die – direkt oder indirekt – in großer Zahl vom Tourismus leben. Der Name der Stadt ist vom arabischen Wort für „die Paläste" abgeleitet: *Al-Uqsur*. Mit der Vereinigung von Ober- und Unterägypten zum Neuen Reich etwa 1500 Jahre v. Chr. wurde der Ort Hauptstadt, mit dem Namen *Waset*. Aus dem Griechischen stammt die Bezeichnung Theben. So schwärmte Homer von ihm als „hunderttoriges Theben".

Auf der Ostseite des Nils sind die zwei großen Tempelanlagen erhalten, der Tempel von Luxor und der von Karnak. Vom Luxor-Tempel aus Richtung Norden tauchst du ins Basarviertel ein, das komplett umgebaut wurde und an das sich die knapp 3 km lange *Sphingenallee (Al Kabash)* anschließt.

Zum Westufer fahren mehrere Fähren. Mit dem Auto geht es etwa 8 km südlich über eine Brücke. Die einzelnen Stätten der Nekropole von Theben – das Tal der Könige, das Tal der Königinnen, das Ramesseum, die Memnonskolosse, der Tempel der Hatschepsut und andere – liegen jeweils einige Kilometer auseinander. Du kannst die Strecke mit dem Taxi *(ab 600 £E)* oder mit dem Fahrrad zurücklegen.

INSIDER-TIPP
Radelnd zu King Tut

Wer sich fit genug fühlt, um die Gegend im Sattel zu erkunden, erlebt ein spannendes Abenteuer, bei dem

WOHIN ZUERST?

Luxors Herz ist die Gegend um den **Luxor-Tempel**. Basar-Areal, Luxor-Museum, Nilpromenade, Bahnhof – alles ist nur wenige Gehminuten entfernt.

Für nur ca. 10 £E und obendrein am schnellsten setzt du von Luxor nach Theben-West mit der Doppeldeckerfähre über; Anleger gegenüber dem nördlichen Ende des Luxor-Tempels.

die Sehenswürdigkeiten im ganz eigenen Tempo besichtigt werden können. Viele Hotels haben Räder für ihre Gäste. Wasser, schützende Kopfbedeckung und Sonnencreme nicht vergessen!
Mit dem *Luxor Pass* für ca. 190 Euro kannst du an fünf aufeinanderfolgenden Tagen alle Tempel, Gräber und Museen in Luxor und Theben-West besichtigen. Die Variante für ca. 95 Euro schließt nicht das Nefertari-Grab *(Eintritt ca. 50 Euro)* sowie das Grab Sethos' I. *(ca. 50 Euro)* ein. Erhältlich ist der Pass bei der *Tourist Information (tgl. 9–18 Uhr | Sharia Saad Zaghloul | nahe Bahnhof)* und in der *Misr Public Library (Mo–Fr 9–15 Uhr | Temple Street | Karnak)*. Passfoto und Pass sind vorzulegen, bezahlt werden kann nur bar in Euro oder US-Dollar.

SIGHTSEEING IN THEBEN-WEST

Theben ist der große pharaonische Zentralfriedhof – berühmt geworden durch das 1922 von Howard Carter unversehrt entdeckte Grab Tut-anch-Amuns, eines übrigens eher unbedeutenden Pharaos. All der Glanz, all die Wanddeko, die du sehen wirst, sollten dich nicht blenden: Wer sich in Theben-West bestatten ließ, der wollte seine Ruhe haben, für immer und ewig – und genau genommen auch vor Leuten wie uns. Aber Tote können sich schlecht wehren, außer es gäbe da einen Fluch der Pharaonen.
Das schwer zugängliche Bergmassiv mit seinen tiefen Tälern schien den Ruhewunsch einst zu erfüllen. Ob Pharao, Königin, Beamter oder Handwerker,

Am Nordende des Luxor-Tempel-Areals reiht sich auf 3 km Länge Sphinx an Sphinx keiner hätte wohl gedacht, dass erst die Grabräuber und viel später kulturgetriebene Touristen kommen würden, um (die einen) Grabschätze und (die anderen) unvergessliche Eindrücke aus der Nekropole mitzunehmen. Archäologen buddeln hier ständig, entdeckten 2023 ein Grab, vermutlich das einer Prinzessin oder Königin aus der Dynastie Thutmosis'. Tickets am Tickethäuschen hinter den Memnonkolossen und für das Tal der Könige am Visitors Center am Talzugang, von dort fährt ein knatternder Touristenzug zu den Gräbern. *Tgl. 6–19, im Winter bis 16 Uhr* | ⏲ *½–1 Tag*

MEMNONKOLOSSE

Abschreckung auf Pharaonisch: Die Kolosse bewachten einst den Totentempel Amenophis' III., von dem heute so gut wie nichts mehr zu sehen ist. Römer hielten die 19 m hohen Statuen für Abbilder des Memnon, der im Trojanischen Krieg von Achilles getötet wurde.

RAMESSEUM

Der Tempel 400 m nördlich der Memnonkolosse ist zur Hälfte erhalten. Im ersten Hof sind die Überreste einer riesigen, einst 18 m hohen Statue Ramses II. zu sehen. *Eintritt 80 £E*

BEAMTEN- ODER PRIVATGRÄBER

Gegenüber dem Ramesseum liegt ein Gräberfeld, das durch lebendige, farbintensive Alltagsdarstellungen beeindruckt, darunter Fest- und Ernteszenen, Opfer- und Begräbniszüge. Die Gräber gehörten den Beamten, den Noblen des Reichs. Frag nach den *Tombs of the Nobles* oder *Tombs of Sheikh 'Abd el-Qurna*. Besonders sehenswert, weil überdurchschnittlich gut erhalten, sind das *Grab des Ramose* (Nr. 55), der Großwesir unter Amenophis IV. war, sowie das *Grab des Menna* (Nr. 69), eines Ackervorstehers aus der 18. Dynastie. Die Handwerker, die diese Beamtengrabstellen wie auch die der Pharaonen schufen, verewigten sich mit eigenen Gräbern 800 m westlich des Ramesseums. *Eintritt 40 £E je Grab*

TEMPEL DER HATSCHEPSUT ★

Ein Tempel in Cinemascope: breite Terrassen, an den Berg geschmiegt – wie schön und wie rätselhaft! Lange hieß es, die Pharaonin Hatschepsut sei ermordet worden. Dann fanden Forscher heraus, dass sich die Pharaonin womöglich zu Tode gecremt hat, mit einer Lotion, die krebserregende Stoffe enthielt und in einem Flakon bis heute erhalten geblieben war. Wie auch immer, zu Lebzeiten (15. Jh. v. Chr.) brachte Hatschepsut ihrem Land Reichtum. Die Reliefs der dreistöckigen Terrassenanlage zeigen Stationen aus ihrem Leben, u. a. ihre Geburt (mittlerer Hof rechts) und die Expedition nach Punt (mittlerer Hof links). *Eintritt 240 £E*

TAL DER KÖNIGE ★

Hier passiert's: Du begegnest dem berühmtesten aller Pharaonen, er als Mumie, du hoffentlich wohlauf. Das Tal der Könige, die archäologische Traumdestination mit Tut-anch-Amuns Grab – voilà, da bist du. Eine Bimmelbahn bringt dich für ein paar Cent vom *Visitors Center* zum Tal. Das Gräberfeld in dem Bergmassiv, dessen Gänge sich tief ins Reich der Toten winden, ist für viele der Höhepunkt des Theben-Ausflugs.

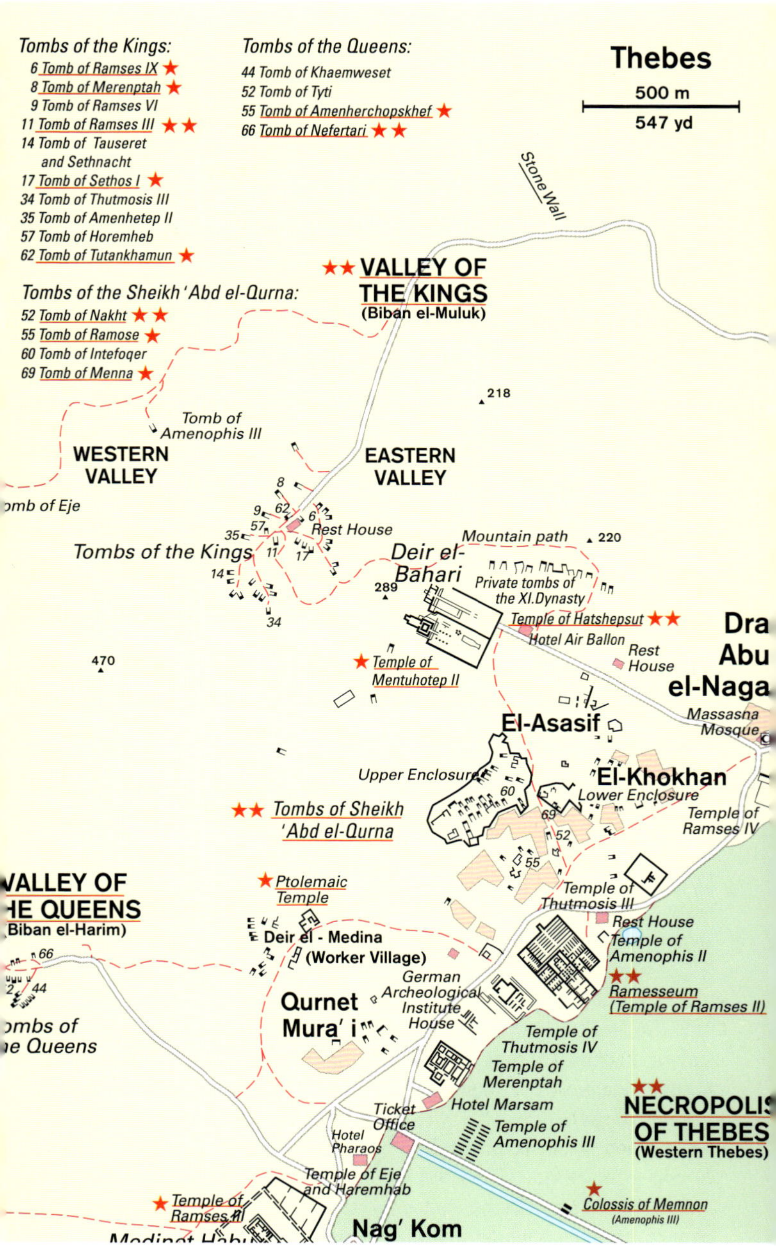
Tombs of the Kings:
6 Tomb of Ramses IX ★
8 Tomb of Merenptah ★
9 Tomb of Ramses VI
11 Tomb of Ramses III ★★
14 Tomb of Tauseret and Sethnacht
17 Tomb of Sethos I ★
34 Tomb of Thutmosis III
35 Tomb of Amenhetep II
57 Tomb of Horemheb
62 Tomb of Tutankhamun ★
Tombs of the Queens:
44 Tomb of Khaemweset
52 Tomb of Tyti
55 Tomb of Amenherchopskhef ★
66 Tomb of Nefertari ★★
Thebes
500 m
547 yd
Tombs of the Sheikh 'Abd el-Qurna:
52 Tomb of Nakht ★★
55 Tomb of Ramose ★
60 Tomb of Intefoqer
69 Tomb of Menna ★
Stone Wall
★★ VALLEY OF THE KINGS
(Biban el-Muluk)
218
Tomb of Amenophis III
WESTERN VALLEY
EASTERN VALLEY
omb of Eje
Rest House
Tombs of the Kings
Mountain path
220
Deir el-Bahari
289
Private tombs of the XI.Dynasty
Temple of Hatshepsut ★★
Hotel Air Ballon
Rest House
Dra Abu el-Naga
470
★ Temple of Mentuhotep II
El-Asasif
Massasna Mosque
Upper Enclosure
El-Khokhan
Lower Enclosure
Temple of Ramses IV
★★ Tombs of Sheikh 'Abd el-Qurna
VALLEY OF THE QUEENS
(Biban el-Harim)
★ Ptolemaic Temple
Temple of Thutmosis III
Rest House
Temple of Amenophis II
★★ Ramesseum (Temple of Ramses II)
Deir el - Medina
(Worker Village)
German Archeological Institute House
Qurnet Mura' i
ombs of he Queens
Temple of Thutmosis IV
Temple of Merenptah
Hotel Marsam
★★ NECROPOLIS OF THEBES
(Western Thebes)
Ticket Office
Hotel Pharaos
Temple of Amenophis III
Temple of Eje and Haremhab
★ Temple of Ramses III
★ Colossis of Memnon
(Amenophis III)
Nag' Kom

Die Jahrtausende haben den Wandmalereien im Grab der Nefertari kaum zugesetzt

Sicher, man kann streiten, wie sich der Touristenandrang mit der Ruhe verträgt, die ein königlicher Zentralfriedhof verdient hätte. Doch in erster Linie ringt einem der Besuch Hochachtung vor der Kultur der Pharaonen ab, die aus den Wandmalereien der Gräber über die Jahrtausende hinweg vom Leben in Dies- und Jenseits erzählen.

Sehenswert sind das Grab Ramses' IV. (Nr. 2), dessen hinterer Bereich mit Szenen aus dem Pfortenbuch geschmückt ist, außerdem das Grab der Königin Tauseret und des Pharaos Sethnacht mit dem prunkvollen Granitsarkophag (Nr. 14) und das Grab Sethos' I. (Nr. 17), für viele die schönste Grabstelle.

Zu den mehr als 60 Gräbern gehört auch das 2019 komplett renovierte von Tut-anch-Amun. Dessen prachtvolle Beigaben zeigt inzwischen das neue Grand Egyptian Museum (s. S. 56). Hier siehst du einen der Särge aus dem berühmten Mumiensarkophag, alles umgeben von farbenprächtiger Wandmalerei. *Eintritt 3 Gräber 400 £E, Tut-anch-Amun-Grab 360 £E, Grab Sethos' I. 1400 £E*

TAL DER KÖNIGINNEN

Die Schönste der Schönen bedeutet ihr Name – Nefertari, Lieblingsfrau von Ramses II. Der Pharao ließ seine Gemahlin 1255 v. Chr. im Tal der Königinnen beisetzen. Das Grab, eine von etwa 80 Ruhestätten, ist wegen der gut erhaltenen Farben seiner Wandmalerei eine Sensation für sich. *Info zu Öffnungszeiten nur am Ticketverkauf | Eintritt für 3 Gräber 120 £E, Nefertari-Grab 1600 £E*

SIGHTSEEING IN THEBEN-OST

In *Theben-Ost*, im Reich der Lebenden, liegen die meisten Hotels und die Tempelanlagen von Luxor und Karnak.

LUXOR-TEMPEL ★

Der Luxor-Tempel ist so groß und weitläufig, dass man vor lauter Tempel von Luxors Zentrum erst mal gar nichts zu sehen scheint. Doch von hier aus sind es nur wenige Gehminuten zum Nil, zum Bahnhof oder zum *Souq*. Der Tempelbau wurde um 1400 v. Chr. begonnen und ist den Gottheiten Amun und Mut sowie ihrem Sohn Khonsu geweiht.

Den Eingang der Anlage, die im Alten Ägypten auch „Südlicher Harem des Amun" hieß, säumen zwei große Sitzstatuen Ramses II. Der Obelisk vor der linken Statue wurde einst durch einen zweiten, kleineren vor der rechten ergänzt, doch Muhammed Ali verschenkte ihn an Frankreich, wo er seit 1836 die Place de la Concorde in Paris ziert. Der Säulengang im Innern ist etwa 16 m hoch und hinterlässt einen gewaltigen Eindruck. Seine Wände sind mit Reliefs verziert, die das Opet-Fest darstellen, eine Tradition, die heute noch im *Moulid* des heiligen Abu Al-Haggag Al-Uqsuri fortlebt, wenn Luxors Christen und Muslime am 14. des islamischen Monats Shabaan eine geschmückte Barke durch die Straßen tragen.

Auch die *Moschee des Sheikhs* befindet sich auf dem Gelände. Am Nordende beginnt die knapp 3 km lange *Sphingenallee. Tgl. 6–22, im Winter bis 21 Uhr | Eintritt 260 £E | 1–2 Std.*

MUMIFIZIERUNGSMUSEUM (MUMMIFICATION MUSEUM)

Es ist ein einzigartiger Blick in die Werkstatt der Mumifizierer: Eine menschliche und zahlreiche Tiermumien sowie Werkzeuge und Bildtafeln zeigen den Ablauf der Mumifizierung und ihre Bedeutung für die Reise ins Jenseits. *Tgl. 9–16 und 17–21 Uhr | Eintritt 180 £E | Corniche | am nördl. Ende des Luxor-Tempels | 1 Std.*

INSIDER-TIPP **Viel heiliges Getier**

LUXOR MUSEUM

Gleich am Eingang grüßen die beiden kolossalen Granitbüsten von Amenhotep III. Und das ist nur der Auftakt zu einer grandiosen Museumstour. Außer Sarkophagen und zwei bezaubernden Bootsmodellen erwarten dich u. a. eine Mumie, die 2003 mit allem Pomp eines Staatsgasts aus einem amerikanischen Museum zurückkehrte – wahrscheinlich die von Ramses I. *Tgl. 9–16 und 17–22 Uhr | Eintritt 200 £E | 1–2 Std.*

KARNAK-TEMPEL ★

Stell dich darauf ein, dass du beim Rundgang öfter sprachlos sein wirst. 3 km nördlich des Luxor-Tempels erstreckt sich auf einem Gebiet von 250 000 m² eine ebenso eindrucksvolle wie unübersichtliche Tempelanlage. Dutzende von Herrschern bauten mehr als 1300 Jahre lang an ihr. Bis heute ist es den Archäologen nicht gelungen, alle ihre Rätsel zu entschlüsseln.

Hinter dem Eingang befindet sich der *Amun-Tempel*. Westlich davon steht das *Heiligtum des Khonsu* sowie als drittes Zentrum der Anlage der *Festtempel Thutmosis' III*. Hinzu kommen

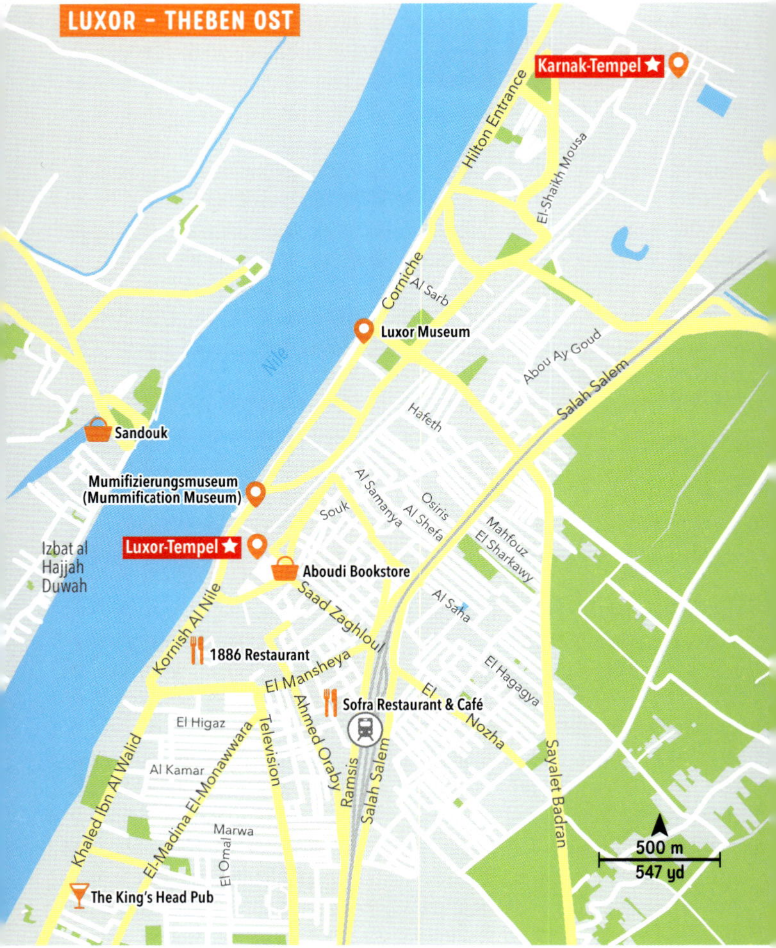

weitere An- und Umbauten, Hallen und Höfe, Schreine und Alleen.
Berühmt ist der riesige Säulenwald zu beiden Seiten des Mittelgangs, erbaut von Ramses I. und seinem Sohn Sethos I., vollendet von Ramses II. Die 134 kolossalen Säulen haben einen Umfang von etwa 10 m und ragen zwischen 13 und 24 m hoch auf.

Nach Einbruch der Dunkelheit werden in wechselnden Sprachen *Sound and Light Shows (Deutsch Di, Mi, Sa, So | Eintritt 300 £E | soundandlight.show)* gezeigt. Der *Heilige See* südlich des Amun-Tempels diente den Priestern für rituelle Bootsfahrten und Waschungen. Am Ufer steht ein großer Granitskarabäus, den Amenophis III.

dem Sonnengott Atum-Chepre geweiht hatte. *Tgl. 6–18, im Winter bis 17 Uhr | Eintritt 300 £E | ⏲ 2–3 Std.*

ESSEN & TRINKEN

1886 RESTAURANT

Stilvoller geht's kaum in Luxor. Gedämpftes Licht, Kellner in Livree und Handschuhen – hier gibt's französische und ägyptische Küche für Gäste, die sich gerne mal zum Dinner schick machen. *Tgl. 19–23 Uhr | im Sofitel Winter Palace | Tel. 095 2 38 04 22 | €€€*

SOFRA RESTAURANT & CAFÉ

Gegessen wird, was auf den *Sofra* kommt, den Esstisch. Hier sind das Mezze und alle anderen ägyptischen Küchenklassiker. *Tgl. 11–24 Uhr | Sharia Mohammed Farid Al-Manshiya 90 | Tel. 095 2 35 97 52 | sofra.com.eg | €*

SHOPPEN

In Luxors *Souq* gilt: Hier findest du die hartnäckigsten Händler Ägyptens. Feilsche also, was das Zeug hält.

ABOUDI BOOKSTORE

Seit 1909 dreht sich in dem Laden, der halb Buchhandlung, halb Antiquariat ist, alles um Literatur. Auf Büchertischen und in den Regalen im Erdgeschoss sowie auf der Galerie findest du gefühlt so gut wie jedes Buch zum Thema Ägypten und Archäologie, dazu Romane – überragend viele auch in Englisch und Deutsch.

Eine Zeitreise in Bildern machst du beim Durchstöbern der alten Postkarten und Repros von historischen Aufnahmen. *Tgl. 9–22 Uhr | Luxor Temple Street | aboudi-bookstore.com*

SANDOUK

Der Laden (ägyptisch für „Kiste") auf der Westseite ist aus zweierlei Gründen ungewöhnlich. Ob Messingarbeiten, Schmuck, Schals, Tücher, Körbe, oder Kelims, alle Waren sind Handarbeiten und stammen aus regionalen Fair-Trade-Werkstätten. Und wie groß über dem Eingang zu lesen ist, bekommen Tourguides keine Provisionen, die den Kunden aufgeschlagen werden – weshalb hier nur selten Busse vorfahren. *Sa–Do ca. 11–22 Uhr | Ramla | südl. vom Nile Valley Hotel | Theben-West | shopsandouk.com*

INSIDER-TIPP
Fair shoppen ohne Touri-Abzocke

SPORT & SPASS

BALLONFAHRTEN 🌡

Mit Sicherheit ein unvergessliches Erlebnis: in der Morgensonne im Heißluftballon über Theben-West schweben – z. B. mit *Sindbad Balloons (ab 80 Euro pro Person | Tel. mobil 0100 0 09 55 00 | sindbadballoons.com). Buchung auch in vielen Hotels in Luxor*

AUSGEHEN & FEIERN

Die Seitenstraßen der *Sharia Kalid Ibn Al-Walid* sind nahe dem Steigenberger Nile Palace ein kleines Kneipen- und Restaurantviertel. Manches Lokal mutet etwas verstaubt-britisch an, aber mit Charme, darunter *Murphy's Irish Pub, The Lantern Room Restaurant (Facebook)* und *Aisha (@aisharestaurant).*

THE KING'S HEAD PUB
Englischer Pub mit ganz langer Tradition. Hier gibt's Billard, Darts, mehrere Biersorten und über zwei Dutzend Cocktails. *Tgl. 12–2 Uhr | Sharia Khalid Ibn Al-Walid 1 | Facebook: KingsHead PubAndRestaurant*

RUND UM LUXOR

1 DENDERA

90 km, 1½ Std. Autofahrt von Luxor

Wie dort hinkommen? Dendera und das weiter westlich gelegene Abydos sind von Luxor aus mit dem Taxi erreichbar *(Hin- und Rückfahrt kosten umgerechnet ab ca. 35 Euro).* Es gibt zwei Wege: Schnell und landschaftlich eher langweilig ist die Wüstenstraße auf der Westseite des Nils, sie beginnt nördlich von Theben. Zuletzt war es von der Polizei aus Sicherheitsgründen nicht gern gesehen, wenn Ausländer diese Strecke nutzen, was die Weiterfahrt an dem einen oder anderen Checkpoint verzögern kann.
Länger dauert die Fahrt nach Dendera (und weiter nach Abydos) auf der Straße entlang der östlichen Nilseite, die oft nahe der Bahnlinie mitten durch das grüne und pulsierende Niltal führt. Der Verkehr ist dicht, ein Dorf folgt auf das

REISEN AUF DEM NIL

Mit dem Schiff von Luxor nach Assuan (oder umgekehrt) fahren und die großartigsten Tempel Ägyptens – Esna, Edfu, Kom Ombo – besuchen, das ist die bequemste Art, sich durch Oberägypten fortzubewegen, und schon seit 150 Jahren sehr beliebt. Nachteil: Der Bewegungsraum auf den Schiffen ist begrenzt, die Kabinen bei Flusskreuzfahrten sind klein. Und bei den Besichtigungen strömen alle Passagiere zur selben Zeit in die Tempel, oft von vielen Schiffen auf einmal.
Die meisten Schiffe warten mit fünf Sternen auf, unterscheidbar sind sie nur anhand der Zusätze – in absteigender Reihenfolge sind das: Deluxe, Superior, Plus oder Standard. Eine Legende ist der Schaufelraddampfer „SS Sudan", auf dem der Krimi „Tod auf dem Nil" (1978) gedreht wurde.
Vor der Einführung der Nilkreuzer durch Thomas Cook, den Erfinder der Pauschalreise, waren *Dahabiyyas* das bevorzugte Transportmittel. Die kleinen, eher luxuriösen Segler sind auch heute wieder unterwegs *(Infos auf dahabiyaroyalcruise.com, orientaltours.de).* Eine andere Reisealternative könnt ihr in Luxor und Assuan direkt am Ufer buchen: mehrtägige Fahrten mit einer *Feluke,* bei denen der Bootsführer auf seinem Segelboot sogar für euch kocht. Trefft vorab aber unbedingt klare Abmachungen über den Tourverlauf, schaut euch das Boot genau an und vergesst nicht, Schlafsäcke und eine Taschenlampe mitzunehmen!

andere, Kinder treiben Ziegenherden über die Straße, Bauern pflügen die Felder mit dem Ochsengespann, oft steckt man mitten in einem Ort im Stau fest – du wirst aus dem Schauen gar nicht mehr herauskommen. Auch hier kann es passieren, dass die Polizei aus Sicherheitsgründen an Checkpoints Ausländern rät, doch besser die Wüstenstraße zu nehmen. Aber nur mit der Ruhe, dein Taxifahrer weiß auch das zu regeln.
Im Hathor-Tempel von Dendera aus dem 1. Jh. v. Chr. wurde die Göttin Hathor mit ihrem Sohn Ihi, dem Gott der Musik, seit dem Alten Reich verehrt. Am Eingang rechts, im Geburtshaus, verewigten sich Kaiser Augustus und andere römische Herrscher. An der Decke des mittleren Tempelraums sieht man eine Nachbildung des berühmten Tierkreises von Dendera. An der südlichen Außenwand des Tempels ist Kleopatra mit Sohn Caesarion abgebildet. *Tgl. 9–17 Uhr | Eintritt 150 £E | ca. 1 Std. | H13*

2 ABYDOS

175 km, 2½–3½ Std. Autofahrt von Luxor, Anfahrtshinweise s. Dendera

Die Menschen suchten schon immer die Nähe von Promis, bei den Pharaonen sogar auf dem Friedhof. Weil in Abydos, nordwestlich von Luxor, der Legende nach der Kopf des Jenseits-Herrschers Osiris begraben liegt, bestattete man also im Alten Reich die Könige in Osiris' Nähe und machte den Ort zur populärsten Nekropole Ägyptens. Archäologen entdeckten hier immer neue Herrscher, weshalb der 1. Dynastie inzwischen eine nullte vorangestellt werden musste.

Den Hathor-Tempel von Dendera bestaunten schon die römischen Kaiser

Das interessanteste Bauwerk ist der Tempel Sethos I. aus der 19. Dynastie mit einem siebenschiffigen Säulensaal sowie besonders wertvollen Reliefs. In der Königsgalerie im südlichen Flügelbau befindet sich die berühmte Königsliste. Sie verzeichnet 76 Herrscher von König Menes aus der 1. Dynastie bis zu Sethos I. in zwei lan-

Sieht fast aus wie gemalt: Einen Nil-Törn machst du in Assuan vor grandioser Naturkulisse

gen Reihen. *Tgl. 8–17 Uhr | Eintritt 160 £E | 1 Std. | F13*

3 ESNA

58 km, 1½–2 Std. Autofahrt von Luxor

Der Chnum-Tempel in Esna, südlich von Luxor, stammt aus ptolemäischer Zeit und liegt im Stadtzentrum mehrere Meter unter dem heutigen Straßenniveau. Reliefs an den Wänden des Innenraums zeigen römische Kaiser in Pharaonentracht. Tübinger und ägyptische Archäologen legten 2022 hier 46 unbekannte Darstellungen der Göttinnen Nechbet und Wadjet frei, beide abgebildet als Geier mit ausgebreiteten Schwingen. *Tgl. 9–17 Uhr | Eintritt 200 £E | 1 Std. | G15*

4 EDFU ★

150 km, 2½–3 Std. Autofahrt von Luxor

Der Horus-Tempel in Edfu gilt als der am besten erhaltene des Landes: Freigelegt wurde er 1860. Horus, der Gott in Falkengestalt und Sohn des Osiris, bewacht als Granitskulptur den Tempel im Eingangsbereich. *Tgl. 9–17 Uhr, Sound and Light Shows tgl. Mai–Sept. 19.30, 20.30, 21.30, Okt.–April 18.30, 19.30, 20.30 Uhr | Eintritt 300 £E | 1 Std. | H16*

5 KOM OMBO

194 km, 3½–4 Std. Autofahrt von Luxor

Die Tempelanlage rund 200 km südlich von Luxor ist zwei Gottheiten gewidmet: dem Krokodilgott Sobek

(südlicher Teil) und dem falkenköpfigen Horus (nördlicher Teil). Kom Ombo gehört, ebenso wie Esna und Edfu, zum Standardprogramm aller Nilkreuzfahrten zwischen Luxor und Assuan. *Tgl. 9–17 Uhr | Eintritt 240 £E | 1 Std. | H17*

ASSUAN

(H18) **Es mag etwas heiß hier sein, aber mental kannst du durchatmen. Assuan (365 000 Ew.) ist ein himmlisch friedlicher Ort.**

Der Straßenverkehr fließt gemächlich, Autos halten sogar bei Rot an der Ampel, die Menschen sind entspannt und lassen Touristen fast unbehelligt an der Uferpromenade flanieren, ohne ihnen alle paar Meter eine Felukenfahrt oder Papyrus aufzuschwatzen.

Hier herrscht ein anderer Lebensrhythmus. Die Nähe zum Sudan, die Anwesenheit Zehntausender Nubier, die nach dem Bau des Staudamms umgesiedelt werden mussten und in und um Assuan leben, aber vor allem die meditativ wirkende Landschaft verleihen der Stadt eine ganz eigene Beschaulichkeit. Die Wüste reicht bis ans Westufer des Nils, ihre Farbe ändert sich im Lauf des Tages ständig. Üppig bewachsene Inseln liegen im Strom, Feluken bringen dich zu ihnen.

Jahrtausendelang war Assuan ein bedeutender Umschlagplatz für den Handel mit Zentralafrika. Heute leben die Menschen hier zum Großteil vom Tourismus; viele haben aber auch aufgrund des Hochdamms Beschäftigung gefunden. Das öffentliche Leben spielt sich überwiegend entlang der Uferstraße ab, der *Sharia Abtal Al-Tahrir*, an der sich auch Hotels, Banken, Restaurants und Reisebüros befinden. Assuans berühmter *Souq* verläuft wenige Meter parallel zu ihr.

WOHIN ZUERST?

Assuans **Basarviertel** beginnt am Hauptbahnhof. Die Uferpromenade am Nil erreicht man über den Bahnhofsplatz in fünf Minuten. Wer von hier aus eine halbe Stunde Richtung Süden am Ufer entlangspaziert, gelangt zum Hotel Old Cataract und hat das gesamte Stadtzentrum gesehen.

Elephantine bietet auch schattige Plätze für eine Mittagspause

SIGHTSEEING

ELEPHANTINE ★

Kannten die alten Ägypter wirklich Bumerange? Im Süden dieser Insel buddeln fast immer Forscher nach solchen und anderen Entdeckungen. Denn hier liegen die Reste der 5000 Jahre alten Siedlung *Yebu* und antike Tempelruinen. Die Villa von Sir William Willcocks, dem Planer des ersten Assuan-Staudamms, beherbergt das kleine *Assuan Museum (bis ca. 2024 wegen Renovierung geschl.)*. Daneben klafft ein tiefes, dunkles Loch, der *Nilometer,* ein Wasserstandsmesser. Hier betritt man die *Ausstellung (Eintritt 80 £E)* der grabenden Archäologen. Ach ja, die Bumerange: Die Wurfhölzer findet ihr bei den Jagdwaffen.

INSIDER-TIPP **Kleine Entdeckertour**

Lust auf einen Spaziergang, bei dem ihr echtes Ägypten seht? Geht vom Nilometer aus nach Norden über die dicht mit Palmen bewachsene Insel, immer der auf Holztafeln gekritzelten Beschilderung „Sunset Restaurant Ibiza" nach. Verstreut liegen kleine nubische Ansiedlungen. Unterwegs grüßen Schulkinder freundlich, da und dort begegnet ihr Eseln und Ziegen. Es gibt in der kleinen Siedlung, die ihr schließlich erreicht (*rund 45 Min.*), kleine Hotels mit einfachen Cafés. Nach einem Getränk im *Ibiza-Café (tgl. 10–20 Uhr | Westseite der Insel)* steht ihr nach ein par Minuten vor dem Mövenpick Hotel mit seinem markanten Stelzenturm. Von dort aus könnt ihr mit der kostenlosen Hotelfähre wieder in die Stadt Assuan übersetzen. *Boot zur Insel 20 £E pro Person ab Egypt-Air-Büro am Ostufer*

NUBISCHES MUSEUM

Wie eine Festung erhebt sich das Gebäude nahe dem Old Cataract Hotel. In der mystischen Stimmung des überall gedimmten Lichts erzählen 1200 Exponate von der Geschichte und Kunst des im Nasser-Stausee versunkenen Nubien. Die Haupthalle dominiert eine Kolossalstatue von Ramses II. Nicht verpassen solltest du die handgroße Statue der Göttin Isis, die den jungen Gott Horus stillt. *Tgl. 9–21 Uhr | Eintritt 240 £E | Sharia Abtal Al-Tahrir | 2–3 Std.*

STAUDÄMME

Auf dem Weg nach Philae fährst du über die Staumauer. Der erste *Stau-*

damm von Assuan war bei seiner Fertigstellung 1902 die größte Talsperre der Welt. Anders als der *Hochdamm*, auf Arabisch *Sadd Al-'Ali*, ließ er den fruchtbaren Schlamm passieren und staute nur die Flut des Weißen Nils. Der 1971 eingeweihte Hochdamm allerdings greift erheblich in das Ökosystem des Niltals ein. Zwar liefert er Strom und ermöglicht mehrere Ernten jährlich durch das Ausbleiben des Hochwassers. Doch die Ackerböden versalzen und müssen künstlich gedüngt werden. Der Damm ist 111 m hoch, 3,6 km lang und am Fundament 1 km breit. *Besichtigung Hochdamm 50 £E*

PHILAE ★

Ein Erlebnis ist schon das Übersetzen mit dem Motorboot, das knatternd auf die Insel mit dem imposanten Tempel zufährt und sie halb umkreist, ehe du aussteigst. Philae wird vom *Isis-Tempel* dominiert; er befand sich ursprünglich auf einer anderen Insel, die in den Fluten eines Assuan-Staudamm-Zwischenbeckens unterging. 1979 wurde der Tempel zersägt und im Rahmen einer internationalen Rettungsaktion originalgetreu auf der *Agilkia-Insel* wiederaufgebaut. Die ältesten erhaltenen Gebäude wurden vor über 2300 Jahren von Nektanebos angelegt, von dessen Pavillon aus ein Säulengang zum ptolemäischen Isis-Tempel führt. Von den Römern stammen das *Hadrianstor* und der *Trajanskiosk*. Abends gibt es eine tolle Sound and Light Show *(Eintritt ab 370 £E)*, sonntags auch auf Deutsch. *Tgl. 7–16, im Sommer bis 17 Uhr | Boot 180 £E, Eintritt 300 £E* | ⏲ *½ Tag*

Imposante Ramses-Statuen bewachen den Tempeleingang von Abu Simbel

ESSEN & TRINKEN

EL MASRY

Hausmannskost, wie sie die Einheimischen lieben. Die Speisekarte umfasst neben Huhn, Kebab und Kofta auch gegrillte Täubchen, eine Delikatesse – für alle, die es mögen. *Tgl. 12–24 Uhr | Sharia el Matar | Tel. 097 2 45 45 76 | €–€€*

1902

Das Auge isst mit, und wie! Gönn dir ein Erlebnisdinner unter der Kuppel eines beeindruckenden Restaurants und genieß umgeben von maurischer Architektur französische Küche. Schicke Kleidung wird erwartet. *Tgl. 19–24 Uhr, reservieren empfohlen! | Old Cataract Hotel | Sharia Abtal El-Tahrir | Tel. mobil 0102 2 22 90 71 | €€€*

EL DOKKA

Von der Corniche aus fährst du mit dem Motorboot kostenlos auf das Inselchen mit dem nubischen Restaurant, das auch bei Einheimischen und Reisegruppen sehr beliebt ist. Auf der Karte stehen Mezze, Fisch, Pizza, Grillgerichte. Vor dem Gehen nicht verpassen, die kleine Kaffeezeremonie zu genießen! *Tgl. 11–23 Uhr | Ableger an der Corniche nahe dem Egypt Air Office | Tel. mobil 0122 2 16 23 79 | @eldokka | €€*

INSIDER-TIPP
Ein Käffchen muss sein

SHOPPEN

SHARIA AL-SOUQ

Ein Bummel durch die wohl schönste Basargasse Ägyptens ist besonders schön am Abend, wenn die Auslagen in den tiefsten Farben leuchten: Gewürze, Kunsthandwerk, Schmuck und Textilien. Im Unterschied zu Luxor wird man hier eher selten angesprochen. Ein Erlebnis kann es werden, einen der großen Gewürzshops näher anzuschauen. Da sind die Regale vollgestopft mit Gewürzen, Tees, Kräutern und allen denkbaren Heilmitteln vom königsblauen Pulver, das angeblich weiße Wäsche beim Waschen noch weißer macht, bis zum Beruhigungskraut und Haarwuchsmittel. Und natürlich gibt es beim Verkaufsgespräch einen kühlen *Karkadeh* (Malvenblütentee). *Verläuft parallel zur Corniche*

AUSGEHEN & FEIERN

Die großen Hotels betreiben Clubs und Bars, die gegenüber den Cafés und Restaurants an der Nil-Corniche den Vorzug einer Klimaanlage haben – nur Einheimische triffst du hier kaum. Drei besondere Plätze bieten am Abend einen zauberhaften Ausblick auf Assuan: die Terrassen der beiden Hotels *Old Cataract (unbedingt reservieren | s. Kasten S. 79)* und *Basma (Sharia El Fanadek | nahe dem Nubischen Museum | Tel. 097 2 48 40 01 | basmahotel.com)* sowie das 360-Grad-Panoramarestaurant im *Mövenpick Resort Aswan (Tel. 097 2 45 44 55 | short.travel/aeg25)*, das ganz oben in dem unübersehbaren Stelzenturm auf Elephantine Island liegt. Man kann auch nur auf einen Drink herkommen, Nilschiffe gucken und das Lichtermeer der Stadt bestaunen.

RUND UM ASSUAN

6 ABU SIMBEL ★

290 km, ca. 3 Std. Autofahrt von Assuan

Hier ist alles ein bisschen größer. Du musst den riesigen Schlüssel gesehen haben, mit dem die Tempelwächter Abu Simbel öffnen und schließen! Kolossal sind die vier 20 m hohen Statuen von Ramses II., der den Tempel erbauen ließ. Sie thronen an einem künstlichen Felsen, angelegt 1964–68, als man die Anlage im Rahmen einer Unesco-Aktion vor den Fluten des Stausees rettete. Der Tempel ist so nach Osten hin ausgerichtet, dass zweimal im Jahr (um den 21. Feb. und den 21. Okt.) die Strahlen der aufgehenden Sonne auf drei der vier Götterfiguren in seinem Innern treffen. Der kleinere Tempel ist Hathor und Nefertari gewidmet. Wenn du die Möglichkeit hast, geh zum Schluss durch eine Seitentür in den imposanten Bauch des versetzten Bauwerks. Abends gibt es eine *Sound and Light Show (ab 370 £E | soundandlight.show)*.

INSIDER-TIPP
Ganz tief im Inneren

Die Anreise für den Tagesausflug musst du vorab planen. Im Morgengrauen verlässt dein Taxi oder Bus Assuan (Konvois können vorgeschrieben sein, wenn die

Sicherheitslage es erfordern sollte). Für eine solche Tour zahlst du ca. 60 Euro/ Person. Teurer sind Flüge mit Egypt Air. Infos an der Hotelrezeption. *Areal tgl. 6–17 Uhr | Eintritt 400 £E | A18*

EL-MINYA

(D9) **Der Ort, eine dreistündige Bahnfahrt von Kairo entfernt, ist trotz seiner gut 250 000 Einwohner eine oberägyptische Kleinstadtidylle.**
Die Innenstadt wirkt aufgeräumt, überschaubar und fast ein wenig verträumt. Vom Bahnhof aus sind es zur Nilpromenade nur zehn Minuten zu Fuß. Auf dem Weg dorthin durchquert man das Stadtzentrum El-Minyas um den Tahrir-Platz herum und kommt vorbei an Restaurants und Geschäften. El-Minya eignet sich gut als Ausgangspunkt für Touren nach Beni Hassan und Amarna, aber auch zum Ausspannen und Bummeln, vor allem am Nil, in den Kaffeehäusern und in den Souqs. Minya war lange eine Islamisten-Hochburg und für Ausländer nicht zugänglich. Überprüfe deshalb vor der Anreise die aktuelle Sicherheitslage.

SIGHTSEEING

AKHENATON MUSEUM

An El-Minyas östlichem Nilufer steht der 2023 eröffnete, auch Aten Museum genannte Neubau. Die Pyramidenarchitektur, aufgebrochen in Strahlen, ist eine Reverenz an den altägyptischen Sonnengott Aton. Zu sehen gibt's Exponate aus allen pharaonischen Epochen. *Öffnungszeiten und Eintritt standen bei Redaktionsschluss noch nicht fest*

RUND UM EL-MINYA

7 KUPPELFRIEDHOF SAUJET AL-MAYYITIN

12 km, ca. 20 Min. Autofahrt von El-Minya
Schon allein die Landschaft lohnt den Ausflug, und bald erwartet dich ein unvergesslicher Anblick: Zehntausende hellbrauner oder weiß getünchter Kuppelgräber liegen am Hang des *Kom Al-Ahmar,* des Roten Hügels, von dem aus du auch den besten Blick über den Friedhof hast. *Eintritt 80 £E | 1 Std. | D9*

8 BENI HASSAN

20 km, ca. 30 Min. Autofahrt von El-Minya
Die Felsengräber von Beni Hassan am Ostufer des Nils erreichst du mit dem Taxi über die Landstraße am Westufer. Bei *Abu Gurgas* setzt du mit der Fähre über. Die 39 Fürstengräber, eine Handvoll ist zugänglich, stammen aus der Zeit des Mittleren Reichs und zeigen gut erhaltene Wandbilder mit Szenen aus dem Leben der Mittel- und Unterschicht. Der Blick auf das Niltal ist für viele der faszinierendste in ganz Ägypten. *Eintritt 80 £E | 1 Std. | D9*

9 TELL AL-AMARNA

65 km, 1–1½ Std. Autofahrt von El-Minya

Das Old Cataract Hotel hatte schon Winston Churchill und Agatha Christie zu Gast

Echnaton gründete die Stadt südlich von El-Minya, in der eine neue Epoche beginnen sollte. Sie dauerte jedoch nur etwa 30 Jahre an. Nach dem Tod des „Ketzerkönigs" verlegte sein Schwiegersohn Tut-anch-Amun die Reichshauptstadt wieder nach Luxor. Echnaton begründete mit dem alleinigen Glauben an den Sonnengott Aton den ersten Monotheismus der Geschichte – über 1300 Jahre vor der Geburt Christi. Manche Wissenschaftler halten Echnaton für genial, andere für zerstörerisch. Tatsache ist, dass der neue Glaube die Vorstellungswelt der Menschen radikal befreite und eine neue Ästhetik schuf, den Amarna-Stil – wirklichkeitsnah und lebendig.

Prunkstück Amarnas ist die Büste der Königin Nofretete. Vom einstigen Amarna ist bis auf Ruinenfelder und Wandmalereien in den Felsengräbern heute nur noch wenig zu sehen. 2022 wurde Schmuck aus Gold und Steatit entdeckt. *Eintritt 80 £E* | *1½ Std.* | *D10*

SCHÖNER SCHLAFEN IN OBERÄGYPTEN

ECHT LEGENDÄR

In Assuans 1899 gegründetem, nostalgischem Hotel im viktorianischen Stil, das heute *Sofitel Legend Old Cataract (Sharia Abtal Al-Tahrir | Assuan | Tel. mobil 0102 2 22 90 71 | sofitel.accorhotels.com | 76 Zi. | €€€)* heißt, wohnte schon Agatha Christie. Für den Sundowner auf der berühmten Terrasse müssen Nicht-Hotelgäste reservieren. Das Restaurant *1902* trumpft mit Atmosphäre und exzellenter Küche.

ALEXANDRIA & SIWA

DIE PERLE UND DIE GLÜCKSOASE

Für den fast 7000 km langen Nil sind es die letzten Meter, wenn seine zwei Hauptarme hinter Kairo mit der Küstenlinie des Mittelmeers, in das er mündet, ein Dreieck bilden: das Nildelta, Ägyptens Kornkammer, Obst- und Gemüsegarten. Unzählige Nebenarme und Kanäle bewässern das Delta, dessen blühende Landschaften du auf dem Weg nach Alexandria durchfährst.
Die Stadt am Mittelmeer, die Alexander der Große 332 v. Chr. gründete, gibt es mindestens zweimal: einmal als Mythos, als „Perle des

Stanley Beach in Alexandria: viel Beton, aber auch ein Streifen Strand

Mittelmeers", als weltoffene Hafenstadt, ein mediterranes Hangout mit Flair. Und es gibt die reale Stadt, die sich in schäbigen Vierteln und Industriezonen zeigt, wenn man von Kairo kommend Alex' Stadtgrenze erreicht. Das Alexandria von heute, das die Ägypter *Al-Iskanderiyya* nennen, ist eine stattliche Industriestadt. Man erreicht sie von Kairo aus auch mit dem Zug. Für deinen Ausflug in die malerische Oase Siwa in der Westlichen Wüste, seit der Antike Insel der Glückseligen genannt, empfiehlt sich dagegen ein Auto.

ALEXANDRIA & SIWA

MARCO POLO HIGHLIGHTS

★ **RÖMISCHES THEATER IN ALEXANDRIA**
Im einzigen antiken Theater des Landes werden Freiluftkonzerte gegeben ➤ S.85

★ **BIBLIOTHECA ALEXANDRINA**
Ägyptens berühmteste Bibliothek, deren Vorbild die sagenumwobene Bibliotheca Alexandrina der Antike ist ➤ S. 86

★ **WADI NATRUN**
Noch heute bewohnen Mönche die vier koptischen Wüstenklöster dieses Tals ➤ S. 87

★ **SIWA**
Die Wüstenoase ist ein Paradiesgarten ➤ S. 88

Hotspot: Die Corniche von Alexandria ist ein beliebter Treffpunkt

ALEXANDRIA

(▯ B–C 1–2) **Eine Sehnsuchtsstadt wie wenige. Neben Italienern, Franzosen und Briten lebten hier Anfang des 20. Jhs. allein 50 000 Griechen. Die Mischung aus Europa und Orient macht bis heute die besondere Atmosphäre Alexandrias aus.**

In der Spätantike galt die Stadt mit der legendären *Bibliotheca Alexandrina* als das führende Wissenschaftszentrum und besaß mit dem Leuchtturm von Pharos eines der sieben Weltwunder. Bis in die 1950er-Jahre hatte die Stadt (heute 6 Mio. Ew.) den Ruf, die kosmopolitischste rund ums Mittelmeer zu sein. Das war einmal, zu Zeiten allgemeiner Toleranz.

Die Orientierung in Alexandria fällt leicht. Als schmaler Streifen zieht sich die Stadt zwischen Meer und *Maryut-See* entlang. In Höhe des Zentrums ragt die Halbinsel *Pharos* ins Meer, westlich wie östlich davon befinden sich Hafenanlagen. Südlich der Corniche, etwa zwischen *Midan Saad Zaghlul* und *Midan Orabi,* kannst du durch das europäische Alexandria bummeln und einiges vom alten Charme spüren. Der bezaubernden Bausubstanz mit vielen Gebäuden im Art-déco-Stil setzen neben der Verwahrlosung und der salzig-beißenden Meeresluft neuerdings abrissfreudige Immobilieninvestoren zu. Obendrein rückt infolge des Klimawandels das Meer immer dichter an die bebauten Stadtufer heran. Spa-

WOHIN ZUERST?

Die Gegend um den **Midan Saad Zaghloul** ist das Herz Alexandrias. Zügig kommt man in der Stadt mit der Trambahn voran, die wenige Straßen entfernt parallel zur Corniche fährt. Direkt entlang der Corniche verkehren Mikrobusse *(Fahrpreis ab 6 £E)*, die man überall anhalten kann. Das Geld fürs Taxi lässt sich also oft sparen.
Am südlichen Stadtrand befindet sich der Moharram-Bey-Busbahnhof. Alle Züge Richtung Kairo halten auch am Bahnhof Sidi Gabr.

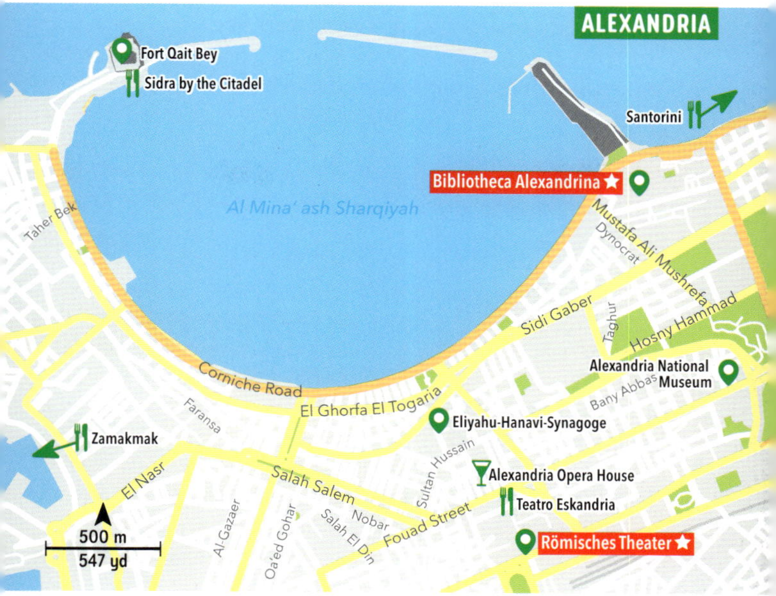

ziergänge am Wasser sind in den *Montazah-Gärten (Eintritt 40 £E)* am östlichen Ende der Stadt besonders schön.

Spannend bleibt es um das lange geschlossene *Griechisch-Römische Museum*: Es soll komplett renoviert in den nächsten Jahren endlich wiedereröffnen. Die dort wartenden Statuen, Münzen, Särge, Keramiken, Säulen stammen aus der Zeit von 300 v. Chr. bis 300 n. Chr. und zeigen die Verschmelzung griechischer, römischer und ägyptischer Stilelemente.

SIGHTSEEING

ELIYAHU-HANAVI-SYNAGOGE

Marmorsäulen, bunte Glasfenster, Thora-Rollen: Die 1354 begründete Synagoge, nach toller Renovierung 2020 wiedereröffnet, erinnert an die einst große, heute verschwindend kleine jüdische Gemeinde Ägyptens. *Tgl. 10–17 Uhr | Spende erwünscht | Sharia Nabi Daniel | Anmeldung Tel. mobil 0122 7 03 10 31*

INSIDER-TIPP
Ort der Erinnerung

RÖMISCHES THEATER ★

800 Zuschauer drängten sich hier in der Antike zu „panem et circenses". Jahrhundertelang verschüttet, wurde das antike Theater 1964 freigelegt. Sehenswert sind die Bodenmosaike mit Vogelmotiven in der *Villa of the Birds*. Konzerttermine fürs Amphitheater kennen die Hotelrezeptionen. *Tgl. 8–17 Uhr | Eintritt 100 £E, Villa of the Birds 60 £E | Kom Al-Dikka Sharia Yussif | 1 Std.*

ALEXANDRIA NATIONAL MUSEUM

Die kleine Ausstellung im wundervollen Bassili Pasha Palace zeigt auf drei Etagen griechisch-römische, koptische und islamische Exponate. Eine Statue ist noch recht neu hier und zeigt womöglich Alexander den Großen. Zu den Höhepunkten zählen auch die Büsten des römischen Kaisers Hadrian und die Ikonensammlung. *Tgl. 9–16.30 Uhr | Eintritt 120 £E | Tariq Al-Horreya 110 | ⏲ 1 Std.*

BIBLIOTHECA ALEXANDRINA ★

Die historische Bibliothek fiel 49 v. Chr. den Flammen zum Opfer. Die Architektur des Neubaus erinnert an eine angekippte Scheibe von 160 m Durchmesser. Besonders interessant ist die Sammlung historischer Stadtfotos. *So–Do 10–19, Sa 10–14 Uhr | Eintritt 90 £E | Al-Shatby | bibalex.org | ⏲ 1–2 Std.*

FORT QAIT BEY

Zinnen, Wachtürme und ein großartiger Ausblick. Einst stand an der Stelle der berühmte *Pharos-Leuchtturm*, der im 14. Jh. nach einem Erdbeben zusammenstürzte. Im Festungsbau (15. Jh.) ist das *Maritime Museum (Eintritt 100 £E)* untergebracht. *Tgl. 8–16 Uhr | im Osthafen | ⏲ 1½ Std.*

ESSEN & TRINKEN

TEATRO ESKANDRIA

INSIDER-TIPP **Kunst zum Kaffee**

Kunstgalerie, Theater, Kleinkino, Café und Restaurant in einem. Du kannst in diesem Szenetreff schmökern, die wechselnden Ausstellungen anschauen und Künstlern aus Alex begegnen. Oder vor dem Teatro im Freien einfach nur bei Tee, Kaffee und Schokokuchen entspannen. *Tgl. 9–1 Uhr | 25 Fouad Street |*

Ein Flaggschiff für alle Leseratten: die heutige Bibliotheca Alexandrina

neben Cinema Rio | Raml Station | Tel. 03 3 90 13 39 | Facebook | €–€€

SANTORINI

Gyros gibt's hier nicht. Die griechische Taverne bietet zum Meerblick kreative Fisch- und Fleischgerichte. *Mi–Mo 13–24 Uhr | 544 Sharia El Geish | Hilton Corniche Hotel | Tel. 03 5 49 09 35 | Facebook: SantoriniGreekRestaurant | €€€*

SIDRA BY THE CITADEL

Mit Alexandrias tollstem Blick auf Stadt und Meer isst du in dem libanesischen Restaurant am Fort u. a. frische Salate, Fisch, feines *Shawarma,* alles top. *Tgl. 10–24 Uhr | beim Fort Qait Bey | Tel. mobil 0120 0 01 02 46 | Facebook: SidraEgypt | €€–€€€*

ZAMAKMAK

Am Eingang wählst du den Fisch und sagst, wie er zubereitet werden soll – starte am besten mit Muscheln und Shrimps. *Tgl. 12–23 Uhr | Qasr Ras el Tin 42 | Anfoushi | Tel. 03 4 81 15 60 | €€*

SHOPPEN

In den großen und kleinen Läden des *Attarin-Viertels (südl. der Sharia Al-Mitwalli)* kannst du stöbern gehen. Neben Tand findest du Trödel und antiquarische Bücher.

STRÄNDE

Es gibt etliche öffentliche Strände entlang der Corniche. Für Männer kein Problem, sofern sie das Gedränge am Strand und im Wasser ertragen. Für Frauen in Badeanzug oder sogar Bikini sind das aber No-go-Areas, weil diese Badekleidung hier dem Gefühl von dezent widerspricht. Was tun? Es gibt beim *Hilton Corniche Hotel* oder dem *Four Seasons* die Möglichkeit des „day use", also der Strandnutzung gegen Gebühr.
Ebenso hübsch wie populär ist östlich von Montazah der lange Strand von *Mamoura,* wo es auch etliche Cafés, Restaurants und Hotels gibt.

AUSGEHEN & FEIERN

Monty's Bar (tgl. 11–24 Uhr | Midan Saad Zaghloul 16 | Ramla) im Steigenberger Cecil Hotel ist ein nostalgisches Refugium, genauso wie die 1909 gegründete Restaurant-Bar *Cap d'Or (tgl. 12–1 Uhr | Sharia Adib Bek Ashak 4 | Saad Zaghloul).* Die moderne *Neo Lounge (tgl. 16–2 Uhr | Sharia El Geish 544 | Sidi Bishr | @neolounge. alexandria)* im Hilton Corniche bietet Livemusik, Bauchtanz, DJs.

ALEXANDRIA OPERA HOUSE

Liebevoll renoviert: Alexandrias alte Oper (auch genannt *Sayed Darwish Theatre),* in der zudem Ballett und Konzerte stattfinden. *Sharia El Hooreya 18 | Tel. 03 4 80 01 38*

RUND UM ALEXANDRIA

1 WADI NATRUN ★

130 km, 2–2½ Std. Autofahrt von Alexandria Downtown

Typisch Siwa: Ein traditionelles Wohnhaus in der Oase besteht aus Lehm

Über die Wüstenautobahn Richtung Kairo, südlich von Alexandria, erreichst du das 30 km lange Tal mit vier noch bewohnten Klöstern, die bis heute sehr beliebte Ziele koptischer Pilger sind. Ab dem 4. Jh. entstanden hier mehrere Dutzend Klöster, die meisten wurden aber ab dem 9. Jh. aufgrund von Überfällen wieder aufgegeben. *Eintritt frei, Spenden erwünscht* | *2 Std.* | *C3–4*

SIWA

(g3) **Du brauchst Geduld. Stundenlang fährst du mit dem Auto von Alexandria über El Alamein und Marsa Matrouh erst am Mittelmeer entlang, dann durch öde Wüste. Plötzlich aber taucht am Horizont ein Meer von Palmen auf: ★ Siwa.**

Ägyptens schönste Oase (ca. 25 000 Ew.) ist ein Paradiesgarten, „Insel der Glückseligen" wird sie oft genannt. 250 000 Dattelpalmen und 50 000 Olivenbäume wachsen neben Orangen- und Zitronenbäumen, dazwischen liegen 200 Quellen.

Der Hauptort *Siwa Town* entstand rund um die Ruinen von Shali, einer festungsähnlichen Siedlung, die vor 800 Jahren oberhalb des heutigen Marktplatzes errichtet wurde. Typisch sind hier die Lehmbauten, die an eine orientalisch-mittelalterliche Festung erinnern.

In der Antike brachten die in der Oase rastenden Karawanen aus Afrika, denen der Weg zum Mittelmeer durch das Niltal zu unsicher war, einen gewissen Wohlstand. Mit dem Ende der

Handelsrouten kam die Abgeschiedenheit, die bis heute das Leben bestimmt. Die Bewohner, Berber, sehen sich nicht wirklich als Ägypter. Ihre Sprache ist anders, ihre Sitten sind anders, sehr konservativ. Siwa ist eine Männergesellschaft, und sieht man doch einmal einheimische Frauen, dann sind sie tief verschleiert und so schnell verschwunden, wie sie aufgetaucht sind.
Eine Stärke ist das Kunsthandwerk der traditionsbewussten Berbernachfahren von Siwa: Silberschmuck, Bekleidung, Körbe und Töpferwaren.

SIGHTSEEING

AGHURMI

Vor 2500 Jahren wurde die antike Hauptstadt der Oase erbaut. Inmitten ihrer Ruinen liegt das Amun-Heiligtum, berühmt wegen seines sagenumwobenen Orakels. Von hier aus hast du einen schönen Ausblick über die Oase. *3 km östl. von Siwa Town*

SONNENQUELLE (CLEOPATRA'S BATH)

Ein normaler Naturpool? Fast! Der Mythos macht's, weil hier schon Kleopatra gebadet haben soll. *Tagsüber frei zugängl. | 4 km südöstl. von Siwa Town*

MUSEUM OF SIWAN TRADITION

Die ethnografische Ausstellung in einem typischen Lehmziegelhaus zeigt Musikinstrumente, Schmuck, Kleidung und Kunsthandwerk. *Sa–Do 9–13 Uhr | Eintritt 30 £E | Siwa Town | nördl. von Shali | ⏲ 30–45 Min.*

ESSEN & TRINKEN

Einige einfache Lokale findest du in Siwa Town. Luxuriös ist das Restaurant im *Shali Lodge Hotel (tgl. 8–24 Uhr | Siwa Town | Tel. 046 4 60 12 99).*

SCHÖNER SCHLAFEN IN ALEXANDRIA & SIWA

MONDÄN WIE WINSTON

Das *Steigenberger Cecil Hotel (Midan Saad Zaghloul 16 | Alexandria | Tel. 03 4 87 71 73 | short.travel/aeg19 | 86 Zi. | €€€)* ist legendär. Es stammt aus der auslaufenden britischen Kolonialära und beherbergte nicht nur die europäische Bohème, die sich hier vor dem Ersten Weltkrieg tummelte, sondern auch Promis wie Winston Churchil und den Schriftsteller Lawrence Durrell, der das Haus im damaligen Kultbuch „Alexandria Quartet" (1957–1960) verewigte. Auf den Messingschildern in der Lobby findet man die Namen vieler VIP-Gäste.

DEN STECKER ZIEHEN

Hier erfährst du die totale Entspannung: Die Ecolodge *Adrère Amellal (15 km westl. von Siwa Town | Tel. 02 27 36 78 79 | adrereamellal.net | 34 Zi. | €€€)* ist strikt umweltfreundlich. Allerdings auch kein Schnäppchen. Für den satten Preis gibt es keinen Strom, dafür biodynamisches Frühstück, einen Pool und einen herrlichen Ausblick auf die Wüste, den schon King Charles III. (damals noch Prince of Wales) genoss.

WESTLICHE OASEN

REISE DURCH DAS SANDMEER

Hier bist du im Ägypten abseits aller Touristenpfade unterwegs und reist im weiten Bogen durch die Westliche Wüste. Bis heute lassen sich Ägypter kaum dazu überreden, aus dem dicht besiedelten Niltal hierhin zu fahren, geschweige denn umzusiedeln. Dabei warten wunderschöne Palmengärten, Olivenhaine und Quellen, aus denen das Wasser von allein sprudelt. Um hierherzugelangen, müssen Hunderte von Kilometern zurückgelegt werden, durch einen der trockensten und heißesten Landstriche unseres Planeten.

Die Wüstendünen nahe der Oase Bahariyya erwandern? Besser nur mit einem Guide

Die Pharaonen kontrollierten die Oasen einst vom Niltal aus, später beherrschten Griechen, Perser und Römer den Landstrich und hinterließen Festungen, Tempel, Gräber, deren Ruinen seit Jahrhunderten Forschungsreisende anlocken. Kairo am nächsten liegt die Oase Bahariyya, 375 km von der Hauptstadt entfernt. Von hier aus erreichst du auf einer gut ausgebauten Straße die anderen Oasen: Farafra, Dakhla und Kharga. Unterwegs erlebst du die Wüste als grandioses Naturschauspiel – mit bizarren Felsen und majestätischen Wanderdünen.

WESTLICHE OASEN

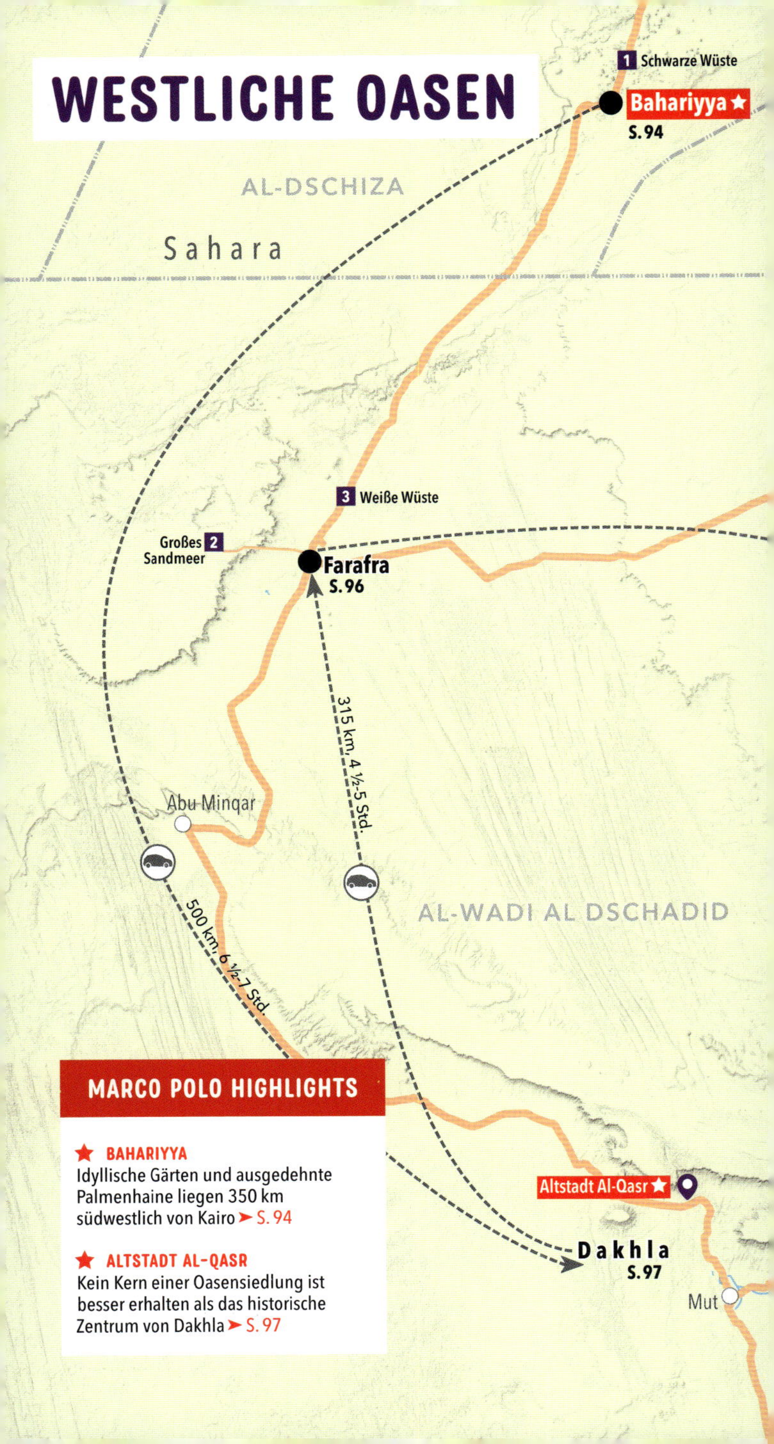

MARCO POLO HIGHLIGHTS

★ **BAHARIYYA**
Idyllische Gärten und ausgedehnte Palmenhaine liegen 350 km südwestlich von Kairo ➤ S. 94

★ **ALTSTADT AL-QASR**
Kein Kern einer Oasensiedlung ist besser erhalten als das historische Zentrum von Dakhla ➤ S. 97

El-Minya
Al-Minya
Al-Gedida
Abu Qurqas
Bani Hasan El-Shorouk
AL-MINYA
Mallawi
Markaz Deir Mawas
Dairut
Qusiya
485 km, 6½-7 Std.
EGYPT
Balat
Kharga
S. 98
50 km
31.07 mi

Die Oase Siwa (s. S. 88) lässt sich wegen ihrer nordwestlichen Lage schwer in eine Rundreise zu den Oasen der Westlichen Wüste einbauen. Man erreicht sie am besten von Alexandria aus.

Allrad- oder Taxitouren können in den Hotels und Kaffeehäusern der Oasen organisiert werden. Täglich gibt es mehrere Busverbindungen Richtung Kairo und Luxor; deutlich schneller und mobiler bist du aber mit dem Auto unterwegs. Alle vier Oasen eignen sich gut für Fahrradtouren durch den Ort. Viele Hotels vermieten Räder sehr günstig ab etwa 120 £E am Tag.

BAHARIYYA

(🕮 I4) **Ein Esel war's, dem ★ Bahariyya (ca. 40 000 Ew.) 1996 den Sprung in die Weltpresse und den Beinamen „Valley of the Golden Mummies" verdankt.**

Damals blieb das Tier in einem Loch hängen, das den Blick in ein Grab mit vergoldeten Mumien freigab – eine sensationelle Entdeckung! Archäologen hoffen, dort noch Tausende Mumien aus römischer Zeit zu finden. Zudem stießen Paläontologen im Jahr 2001 auf die Überreste eines Exemplars der größten Saurierarten, die jemals die Erde besiedelten. Beide Fundstellen sind leider nicht zugänglich.

Zur Zeit der Pharaonen war die Oase übrigens wegen des Weinanbaus geschätzt.

SIGHTSEEING

HALLE DER GOLDENEN MUMIEN

Die Mumien, viele noch mit Golddekor, gehören zu den Sensationsfunden aus dem Valley of the Golden Mummies. Die Mumie der Naas, Gattin des Statthalters, hielt goldene Münzen in ihren Händen. An einem Stand unweit des Office gibt es für 140 £E die Eintrittskarte zu allen Gräbern und Tempeln der Oase. *Tgl. 8–14 Uhr* | *⏲ 30 Min.*

GRAB DES BANNENTIU

Auf dem Hügel Qasr Selim in Bawiti liegen die Gräber des Zed-Amun-Efankh und seines Sohns Bannentiu, die Kaufleute waren und im 5. Jh. v. Chr. lebten. Das schön verzierte Bannentiu-Grab überrascht mit Darstellungen der Götter Anubis, Osiris und Toth in ungewöhnlich satten Farben.

INSIDER-TIPP
Bestattet mit buntem Beistand

Tgl. 9–15 Uhr | Eintritt 50 £E | ⏲ 30 Min.

ESSEN & TRINKEN

Das Restaurant *Rashid (tgl. 8–23 Uhr | €)* an der Hauptstraße am Ortseingang bietet eine schöne Auswahl an Grillgerichten sowie süßes Gebäck. Fürs kühle Bier musst du aber in *Peter's Bar* im International Hot Spring Hotel wechseln.

SPORT & SPASS

WÜSTENTOUREN

Die Weiße Wüste (s. S. 97) mit ihren riesigen, bizarr geformten Kalkstein-Monolithen fast erreicht haben und keine Tour dorthin unternehmen? Das geht gar nicht. Mit Vierradantrieb oder ganz klassisch-ökologisch auf dem Kamel sind Wüstentouren ein toller Offroad-Kurztrip. Auch Ausflüge zur Schwarzen Wüste, eventuell mit Zeltübernachtung *(Kosten pro Pers. umgerechnet ca. 45 Euro)*, sind mit *White Desert Tours (International Hot Spring Hotel | Tel. mobil 0122 3212179 | whitedeserttours.com)* möglich, ebenso „Oasis Packages" zu anderen Oasen. Jeep- und Wandertouren in die Wüste organisiert auch das einfache *Badry Sahara Camp (Tel. mobil 0122 7922728 | badrysaharacamp.com)*.

WELLNESS

BIR AL-GHABA

Kostenlos kannst du in den 40 Grad warmen Mineralquellen von Bir al-Ghaba baden, was besonders nachts sehr eindrucksvoll ist.

HOTSPRING-MASSAGEN

Hast du Rücken oder Rheuma? Im *International Hot Spring Hotel* (s. S. 99) gibt es nicht nur Massagen *(Kosten ab*

Wurden nicht etwa ins Bild getrickst: In der Weißen Wüste siehst du einmalige Kalkriesen

Schon die Fassade verrät es: Die Kunst im Badr's Museum dreht sich ums Oasenleben

10 Euro), sondern vor allem ein kleines Thermalbad, dessen 45 Grad warmes und eisenhaltiges Wasser aus 1200 m Tiefe Rheuma- und Arthritisleiden lindern soll.

RUND UM BAHARIYYA

1 SCHWARZE WÜSTE

50 km, 1 Std. Autofahrt von Bawiti

Das Pendant zur weltberühmten Weißen Wüste (nahe der Oase Farafra). Schwarzgraue Zeugenberge und Basaltgestein vulkanischen Ursprungs verwandeln die Landschaft in eine dunkle Geröllwüste, die von fast anthrazitfarbenem Sand überzogen ist. Vom Siwa-Hügel aus, den du auf einer der zahlreichen Exkursionen erreichst, hast du einen tollen Ausblick. *(🕮 k–l5)*

FARAFRA

(🕮 k6) **Der Dornröschenschlaf ist lange vorbei. Seit dem Bau der Asphaltstraße 1978 zogen über 23 000 Menschen nach Farafra (25 000 Ew.).** Dattelpalmen- und Olivenplantagen prägen die Landschaft und in der ausgedehnten Ebene entstehen immer mehr landwirtschaftliche Siedlungen. Nirgends auf der Reise durch den Oasengürtel bist du weiter vom Nil entfernt. Farafra grenzt direkt an die ersten Dünen des Großen Sandmeers. Laut Herodot verschwand das Heer des Persers Kambyses einst spurlos in der Wüste, was bis heute Archäologen herlockt.

SIGHTSEEING

BADR'S MUSEUM

Bizarre Steinfiguren und farbenfrohe, naive Fassadenmalereien von Kamelen vor Palmenlandschaft – die Ethno-Galerie ist das Werk des Künstlers Badr Moghny, dessen Skulpturen und Malereien das rustikale Oasenleben widerspiegeln. *Tgl. 9–14 Uhr | Eintritt 50 £E | Tel. 092 7 51 00 91 | ⏲ 30 Min.*

WELLNESS

Kostenlos baden kannst du in den warmen Mineralquellen *Bir Sitta*. In Mondscheinnächten erlebst du ein surreales Lichtspiel in der Wüste.

RUND UM FARAFRA

2 GROSSES SANDMEER

20 km, 30 Min. Autofahrt von Farafra

Außerhalb von Farafra sieht die Westliche Wüste so aus, wie man sie aus Filmen kennt: Dünen bis zum Horizont, die faszinierende Muster in die Landschaft zeichnen. Von keinem Ort in Ägypten erreichst du das Große Sandmeer besser. Reisen an die libysche Grenze, etwa zum Gilf el Kebir, waren zuletzt aus Sicherheitsgründen nicht möglich. *G3–j10*

3 WEISSE WÜSTE

20 km, 30 Min. Autofahrt von Farafra

Das große Erlebnis einer Oasenrundreise ist eine Übernachtung in der *Sahra Al-Beida*, der Weißen Wüste, die 20 km nördlich von Farafra beginnt. Aus hellem Sandstein entstanden durch Winderosion magische Skulpturen, die mal wie gigantische Pilze, mal wie Gnome aussehen. Bei Vollmond wirkt die dann fast weiße Landschaft wie elektrisiert. Bei Sonnenaufgang scheint sie in Bewegung zu geraten und wechselt ständig die Farben. Hier gilt, wie übrigens in allen Oasen: Ausflüge nie ohne einen sachkundigen Begleiter unternehmen! *Preis pro Tour mit Übernachtung ab 1500 £E je Fahrzeug (etwa 45 Euro) – Fahrer, Verpflegung und Decken inklusive | I5*

INSIDER-TIPP **Für Nachtwandler**

DAKHLA

(I7) **Dakhla ist ein Idyll. Im Licht der Dämmerung hebt sich das Grün der Plantagen kräftig vom rosa leuchtenden Steilhang ab, der die Senke begrenzt.**

Die 80 000 Einwohner leben verteilt in 16 Siedlungen. Hauptort ist das eher moderne *Mut*. Berühmt ist die Oase für ihre Töpferwaren, die einen unvergleichlichen Formenreichtum haben.

SIGHTSEEING

ALTSTADT AL-QASR ★

Im Gewirr der Gassen befinden sich Perlen wie das über 700 Jahre alte Minarett der *Sheikh-Nasr-Ed-Din-Moschee*, Türbalken mit arabischer Kalligrafie oder die Gerichtskate. Inoffizielle Führer haben Schlüssel zu allen Sehenswürdigkeiten, gib ihnen etwa 150 £E Trinkgeld. Unbedingt besuchen solltest du das *Ethnographic Museum (So–Do 8–14 Uhr | Anmeldung tags zuvor am Vormittag im Tourist Office bei Omar Ahmed empfohlen | Eintritt 40 £E | ⏲ 30 Min.).* Es zeigt historische Stücke aus dem Oasenalltag, Werkzeuge, Küchen- und Haushaltsgeräte, Trachten usw., in authentischem Ambiente.

INSIDER-TIPP
Alltäglich, aber nicht langweilig

DEIR AL-HAGGAR

Der restaurierte römische Sandsteintempel stammt aus dem 1. Jh. n. Chr. Er ist der thebanischen Götterdreifaltigkeit sowie Seth, dem Gott der Oase, gewidmet. *Tgl. 8–17 Uhr | Eintritt 40 £E | ca. 9 km südwestl. von Al-Qasr | ⏲ 30 Min.*

BASHANDI

Der beschauliche Ort wurde zum größten Teil auf *römischen Gräbern (Mo–Fr 8–17, Sa/So bis 18 Uhr | Eintritt 30 £E | ⏲ 45 Min.)* errichtet, von denen einige besichtigt werden können, z. B. das Grab des Kitinos und das des Pasha Hindi, auf dessen Namen der Ortsname zurückgeht. Hübsch ist ein Abstecher in das mittelalterlich-islamische Gewirr überdachter Gassen im benachbarten Balat. *35 km östl. von Mut*

ESSEN & TRINKEN

AHMED HAMDY'S RESTAURANT

Neben allerlei Fleisch- und Grillgerichten gibt's hier auch Bier. *Tgl. 10–23 Uhr | Sharia Al-Thaura Al-Khadra | neben dem Mebarez Hotel | Mut | Tel. 092 7 82 07 67 | €*

KHARGA

(🕮 D15) **An El-Kharga, Hauptort der Oase und Zentrum des „New Valley", führte Jahrhundertelang der *Darb Al Arba'ain* entlang, der legendäre „Weg der 40 Tage".**

Hier mussten die Karawanen aus dem Sudan, ehe sie nach Assiut weiterzogen, Zoll für ihre Waren zahlen, für Kamele sowie einst auch für Sklaven aus Südsudan und Subsahara-Afrika. Von *Kharga* (ca. 55 000 Ew.) aus erreichst du das Niltal mit dem Bus, der auf der Strecke Kharga–Luxor derzeit täglich fährt.

SIGHTSEEING

HIBIS-TEMPEL

Er war früher das Zentrum der alten Oasenhauptstadt Hibis. Die Perser stellten den Bau 522 v. Chr. fertig, die Römer vergrößerten ihn. Er wurde Amun geweiht. Reliefs zeigen u. a. Seth mit blauem Körper und Falkenkopf. *Tgl. 9–16 Uhr | Eintritt 140 £E | ⏲ 30 Min.*

ANTIKEN-MUSEUM (MUSEUM OF ANTIQUITIES)

Statuen, bemalte Sarkophage, Münzen und Schmuck – die hier gezeigten archäologischen Einzelstücke stammen allesamt aus der Westlichen Wüste. Sie sind pharaonischer, griechischer, römischer und islamischer Herkunft. *Tgl. 8.30–14 Uhr | Eintritt 60 £E | Sharia Gamal Abd El-Nasser | ⏲ 45 Min.*

NEKROPOLE EL-BAGAWAT

Bei der Anfahrt glaubt man, sich einer Geisterstadt zu nähern. Stimmt fast. Die

In Dakhla: Schattige Gassen bieten Zuflucht vor der Wüstensonne

Bagawat-Nekropole ist eine der ältesten und am besten erhaltenen christlichen Begräbnisstätten weltweit – mit Hunderten von Lehmziegelmausoleen. Malereien in den frühchristlichen Grabkapellen (4.–7. Jh.) zeigen die Arche Noah, Adam und Eva, Moses auf dem Berg Sinai und andere alttestamentarische Motive. *Tgl. 9–17 Uhr | Eintritt 100 £E | nördl. von El-Kharga | ⏲ 45 Min.*

ESSEN & TRINKEN

Einfache ägyptische Restaurants wie das *Al Ahram (tgl. 10–22 Uhr | €)* findest du am Midan Basateen. Nett sind auch *Palm Restaurant (tgl. 7–23 Uhr)* und *Oasis Bar (tgl. 12–23 Uhr)* im *Pioneers Hotel (Sharia Gamal Abd El-Nasser | Tel. 092 7 92 97 51 | pioneershotel.com-egypt.com | €€)*, beide mit ägyptischer Küche.

SCHÖNER SCHLAFEN IN DEN WESTLICHEN OASEN

AN DER QUELLE

Bahariyya: Der Deutsche Peter Wirth und seine japanische Frau Miharu Shimazaki betreiben das *International Hot Spring Hotel (Bawiti | Tel. mobil 0122 7 36 94 93 | internationalhotspringhotel.com | 45 Zi. | €€)* mit Sauna, Fitnessraum und Thermalbad. Wirth ist außerdem Experte für Wüstentouren.

IN DER HÜTTE

Kharga: Die *Ecolodge Qasr el Bagawat (Qasr el Bagawat | Tel. mobil 0120 0 01 26 69 | qasrelbagawat.com | €)* bietet 20 einfache Hütten, Campingmöglichkeiten und organisiert Wüstentouren.

SINAI

MAJESTÄTISCHE BERGE, TRAUMHAFTE STRÄNDE

Meer, Wüste, Oasen, Bergmassive: Auf der südlichen Sinai-Halbinsel mit ihren Touristenorten geht Erholungs- oder auch Abenteuerurlaub. Die Ostküste bietet Luxusresorts, Clubs, Tauch- und Surfschulen, schöne Strände – und Sonne satt.

Größter Badeort ist Sharm El-Sheikh mit seinen der Küste vorgelagerten Korallenriffen. Die majestätische Bergwelt des Sinai haben Wissenschaftler auf der Suche nach Belegen für das Alte Testament durchkämmt. Vermutlich durchwanderten die Israeliten unter Führung des

Paradiesisch abtauchen – ins Rote Meer vor Dahabs Küste

Propheten Moses diesen Landstrich nach ihrem Auszug aus Ägypten. Der Berg, auf dem Moses die Zehn Gebote empfangen haben soll, erhebt sich südlich des Katharinenklosters im Zentralsinai. Zu meiden ist der Nordsinai am Mittelmeer, dort bekämpft die Armee Terrorzellen. Die südliche Hälfte der Halbinsel, um die es hier geht, bleibt davon unbeeinflusst. Dennoch warnt das Auswärtige Amt vor individuellen Überlandfahrten. Sharm gilt als sicher, nach Ansicht von Insidern auch die übrige Ostküste. Mehr Infos zur Region im MARCO POLO „Rotes Meer/Sinai".

SINAI

MARCO POLO HIGHLIGHTS

★ **RAS MOHAMMED**
Mangrovenhaine und Korallenriffe auf einer Halbinsel im Nationalpark an der Südspitze des Sinai ➤ S. 107

★ **KATHARINENKLOSTER**
Das weltbekannte Kloster griechisch-orthodoxer Mönche liegt inmitten einer grandiosen Bergwelt ➤ S. 107

★ **DAHAB**
Berühmter Ex-Hippie-Treff, heute cooler und relaxter Badeort ➤ S.108

★ **COLOURED CANYON**
Farbenprächtige Schlucht westlich von Nuweiba ➤ S. 111

ISRAEL
SCHIMAL SINA
Taba
Aqaba
JORDAN
15
Haql
4 Castle Zaman
5 Coloured Canyon
3 Tarabin
Strand am Time Coral Nuweiba Resort
Nuweiba
S. 110
DSCHANUB SINA
70 km 1 Std.
Gulf of Aqaba
SAUDI ARABIA
2 Katharinenkloster
Swiss Inn Resort Beach
Jaz Dahabeya Beach
Dahab
S. 108
130 km, 2 Std.
Al Bad
Maqnah
95 km, 1½ Std.
Gayal
Sharm El-Sheikh
S. 104
1 Ras Mohammed
Red Sea

SHARM EL-SHEIKH

(📖 L9) **Aus dem Fischerdorf an der Südspitze des Sinai ist Ägyptens schillerndster Bade- und Partyort geworden – mit Spaß rund um die Uhr.**

Taucher aus aller Welt waren einmal die Ersten, die kamen, angelockt von der Pracht der Korallenriffe. Sie machen auch heute noch den Hauptanteil der Touristen aus. Alle anderen füllen die Urlaubszeit mit Schnorcheln, Surfen, Sonnenbaden. Sharm El-Sheikh (76 000 Ew.) erstreckt sich über 20 km entlang der Küste. Der ursprüngliche Ort im Süden, die Unterstadt, hat einen kleinen Basar, ein paar einfache Restaurants und Imbissbuden sowie auf einer Anhöhe Richtung Ras Umm Sid das zentrale Verwaltungsgebäude mit Polizei und Touristenpolizei.

In der *Naama Bay*, einer der schönsten Buchten des Sinai, haben sich zahlreiche große internationale Hotelketten angesiedelt. Hier erstreckt sich links und rechts des Hotels Sanafir die Fußgängerzone mit vielen schönen Cafés, Restaurants und Bars. Es werden Fahrräder, Motorräder und Quadbikes vermietet. Und shoppen kann man natürlich auch bis zum Umfallen.

Als Vergnügungszentrum hat sich der *Soho Square* etabliert mit Restaurants, Bars, Clubs, Shoppingmall. Nachts erstrahlt die Flaniermeile mit Blaulichttunnel, allerlei Lichteffekten und Musikfontäne.

WOHIN ZUERST?

Sharm El-Sheikhs touristisches Zentrum ist die **Naama Bay** mit Clubs, Restaurants, Cafés, Läden und Hotels. Gleiches gilt für den Abend am **Soho Square** *(soho-sharm.com)*, einer quirligen Flaniermeile. Ordentlich Taxigeld kann sparen, wer die Mikrobusse benutzt, die auf der 20 km langen Hauptachse von Sharm hin und zurück pendeln.

SIGHTSEEING

AL-SAHABA-MOSCHEE

Wie ein Palast aus Tausendundeiner Nacht steht sie da, mit zwei 76 m hohen Minaretten, und dominiert den neu gestalteten *Old Market,* den Souq. An der Sahaba-Moschee scheiden sich die Geister. Disneyhaft nennen sie die Kritiker, barock verspielt die Milderen. Auf dem riesigen Vorplatz ist die Fontäne nachts bunt illuminiert.

SHARM EL SHEIKH MUSEUM

Eine Statue der Pharaonin Hatschepsut ist das Highlight dieses wunderbaren Museums. Es zeigt u.a. Tiermumien, Sarkophage, königlichen Schmuck und gibt dir einen kompakten Überblick der Geschichte Ägyptens und des Sinai seit den Pharaonen. *Tgl. 10–13 und 17–23 Uhr | 200 £E | Peace Road | short.travel/aeg28 |* ⏲ *1–2 Std.*

ESSEN & TRINKEN

All-inclusive-Hotels sorgen auch in Sharm dafür, dass viele Restaurants dichtmachen müssen. Aber die Lage ist noch lange nicht hoffnungslos.

FARES

Das Fares ist ein ebenso beliebtes wie erstklassiges Fischrestaurant. Erwarte aber keine schicken Kellner in gediegenem Ambiente, hier tobt das normale Leben. Es ist laut und hektisch, und kaum hast du den Fisch an der Eistheke ausgesucht, füllt sich dein Tisch erst mal mit kleinen Mezze-Schälchen und Fladenbrot. Kein Alkohol. *Tgl. 12–24 Uhr | Hadaba | Tel. 069 3 66 30 76 | €–€€*

INSIDER-TIPP
Authentisch schlemmen

EL-MASRIEN GRILL RESTAURANT

Mit Fajita Beef hat die Karte dieses prima Ägypters einen exotischen Ausreißer. Wenn du dich aber auf Gegrilltes (Kebab, Huhn, Täubchen, Ziege) verlässt, kann nichts schiefgehen. Von der Terrasse gibt's dazu einen tollen Blick. Unbedingt reservieren! *Tgl. 10–24 Uhr | Old Market | Tel. 069 3 66 29 04 | €€*

IL FRANTOIO

Schick machen und Hunger mitbringen! Wahre Meister kochen in einem der besten italienischen Restaurants des Landes. Tipp: das Fünf-Gänge-Menü „Il Frantoio Experience" u.a. mit Caprese-Salat, Ravioli und Filet. *Tgl. 18.30–23 Uhr | im Four Seasons Resort | Tel. 069 3 62 12 00 | €€€*

SPORT & SPASS

AQUA PARK

62 Tsunami-, Spiral- und Reifenrutschen, dazu die Freefall-Rutsche, ein

Wasserspielplatz und mehrere Restaurants bieten nassen Spaß für dich und deine Kinder. Für die Kleineren gibt es zwei separate Pool-Areale mit Rutschen. *Tgl. 9–19 Uhr | Eintritt mit Transfer, Lunch, Softdrinks ab 950 £E, Kinder ab 650 £E | Hotel Aqua Blu Sharm | Om el Sid | aquablusharm.co.uk*

STRÄNDE

Viele Hotels haben eigene Strände, etliche davon bieten für Nichtgäste „day use" an. Frei zugängliche Strände findet man eher außerhalb von Sharm, sie sind Ausgangspunkt für Schnorchel- und Tauchexkursionen.

H2O BEACH

An diesem Strand gibt es für ein paar Euro Liege, Schirm, Umkleide und WC. Im Café serviert man günstige Snacks und Getränke. *Tgl. 8 Uhr–Sonnenuntergang | zwischen Novotel und Fayrouz Resort | Naama Bay | Facebook: H2O Beach & Restaurant*

TERRAZZINA BEACH

Das absolute Gegenteil von Ruhe und Abgeschiedenheit: Am Terrazzina Beach dreht sich fast alles um Party, Drinks und Spaß. Hier gibt's Musik, Karaoke, Vollmondfeste. *Tgl. 8–24 Uhr | Eintritt 160 £E, Freitag 250 £E | Sharm el Moya | Facebook*

INSIDER-TIPP
Bunter Party-Beach

EL FANAR BEACH

Für viele der beste Strand in Sharm. Er ist nicht nur blitzsauber, sondern auch bekannt für sein Riff und ausgelassene Partynächte mit italienischem Essen und Musik. *Tgl. 8–24 Uhr | Eintritt 100 £E | Umm el Sid | Facebook: Elfanarbeach*

AUSGEHEN & FEIERN

Ab Mitternacht herrscht in der Saison Hochbetrieb in Topclubs wie dem *Space Sharm (Naama Bay | spacesharm.com), Taj Mahal (Al-Fanar | tajmahal sharm.com)* oder *Pangaea (Soho Square | Facebook: soho.pangaea.club).*

FARSHA MOUNTAIN LOUNGE

Blick aufs Meer, Strand mit Bar, darüber in den Klippen das Café mit Terrasse im Beduinenstil. Drinks, Snacks und Shisha sind sehr gut. Wenn das Farsha nachts außen rot beleuchtet ist, herrscht eine fast mystische Atmosphäre – Sharms schönste Ausgehlocation. *Tgl. 11–1 Uhr | Sharia el Bahr | Hadaba | Facebook | €€*

CAMEL BAR & ROOFTOP

Ein Dauerbrenner: Die Bar, die genau genommen aus dreien besteht, mit eigenem DJ natürlich, ist fast immer voll. Von der eleganten Dachterrasse aus blickst du auf die Naama Bay. *Tgl. 14–3 Uhr | Sharia King of Bahrain | Naama Bay | cameldive.com*

PACHA SHARM EL-SHEIKH

Was mit dem *Busstop* hinter dem roten, in die Fassade eingelassenen Doppeldeckerbus begann, wurde zum Clubbing-Imperium – bestehend aus dem *Pacha Nightclub* mit seinen berühmten House-Nation-Partys und dem *Pacha Boat. Tgl. 22–4 Uhr | Sharia King of Bahrain | Naama Bay | pachasharm.com*

Wo Gott Moses im Dornbusch erschienen sein soll, steht das Katharinenkloster

SOHO SQUARE
Darf's heute mal ein Drink am Nordpol sein? Im Soho Square ist die *Ice Bar (tgl. 18–1 Uhr)* mit Minusgraden, Eisskulpturen und Wodka wirklich eisig. Lange wirst du dort nicht bleiben. Die anderen Bars und Restaurants der Entertainmentmeile sind zum Glück normal temperiert. *soho-sharm.com*

RUND UM SHARM EL-SHEIKH

1 RAS MOHAMMED ★
35 km, 40 Min. Autofahrt von Sharm
3 km weit ragt die schmale Halbinsel ins Rote Meer. Sie besteht aus fossilen Korallen, die an die Oberfläche gedrückt wurden. Am *Shark's Observatory* kannst du aus 50 m Höhe auf die Riffe unter der Wasseroberfläche schauen und mit ein bisschen Glück Haie beobachten. Das gesamte Areal gehört zu einem Nationalpark, an dessen südöstlicher Seite sich eine Mangroveninsel befindet. Das Schutzgebiet ist ein beliebtes Ziel für Tauchausflüge und bietet schöne Strände. Der Strand westlich vom Shark's Observatory z. B. ist idyllisch und abgesehen vom Parkticket kostenlos. *Tgl. von Sonnenaufgang bis Sonnenuntergang | Eintritt 220 £E | Reisepass mitnehmen |* *L10*

2 KATHARINENKLOSTER ★
220 km, ca. 2½ Std. Fahrt von Sharm
Christus Pantokrator, der Weltenherrscher, heißt eine weltberühmte, wenn nicht gar die bedeutendste byzantinische Ikone der Christenheit, gemalt aus in heißem Bienenwachs aufgelösten Farbpigmenten. Im Katharinenkloster, benannt nach der Märtyrerin

aus Alexandrien (4. Jh.), siehst du das Jesubild in aller Farbenpracht (1. Saal, linke Wand, Ikone in der Mitte).

Das Kloster ist das Ziel von Pilgern aus aller Welt. Vor über 1400 Jahren ließ es der römische Kaiser Justinian I. errichten, an der Stelle, so sagt man, an der Gott Moses im brennenden Dornbusch erschien – den Ableger in unverbranntem Grün siehst du hier auch. Heute leben in der kleinsten Diözese der Welt, einer griechisch-orthodoxen, 23 Mönche. Das Kloster besitzt neben dem Vatikan das weltweit wertvollste Archiv christlich-religiöser Manuskripte. Einen kleinen Teil ihres Reichs öffnen die Mönche den Besuchern, darunter die reich geschmückte *byzantinische Basilika*.

Viele Pilger machen eine Nachtwanderung auf den *Mosesberg* (s. S. 129), um dort den Sonnenaufgang zu erleben. Ausflugsangebote zum Kloster vermittelt jedes Hotel, individuell mit Wagen und Fahrer zahlst du ca. 120 Euro; Übernachten ist im Guest House *(Tel. 069 3470353)* möglich. *Mo–Do, Sa 9–11.45 Uhr, an griechisch-orthodoxen Feiertagen geschl. | Eintritt 25 £E für den Nationalpark Saint Katherine Protectorate, Kloster frei, 5 Euro Eintritt/Spende für das Museum | sinaimonastery.com | ⏲ 1–2 Std. | K8*

DAHAB

(L8) **Früher glimmten in ★ Dahab, einem Hippie-Hangout, rund um die Uhr die dicken Joints. Das war einmal. Heute tummeln sich in dem einstigen Fischerort anderthalb Autostunden nördlich von Sharm El-Sheikh Taucher, Surfer und Badeurlauber.**

Die Gäste suchen eher Beschaulichkeit, sie surfen, tauchen, kiten. Engagierte Touristen und Einheimische kümmern sich darum, dass der Ort (15 000 Ew.) hübsch und sauber bleibt. Mit Erfolg: Täglich sind Reinigungskolonnen unterwegs und es gibt eine schöne Promenade im Ortsteil Masbat/Assalah. Hier kannst du immer noch ziemlich günstig in Strandnähe wohnen. Am Meer döst man in Strandcafés auf Beduinenteppichen bei Musik und Wasserpfeife in den Tag hinein.

ESSEN & TRINKEN

Viele Cafés und Restaurants haben Sonnenliegen für Gäste, Stufen führen ins Meer, wo du schnorcheln kannst. Frühstückstipp: *Ralph's German Bakery (tgl. 7–20 Uhr | Assalah Square | zwei weitere Filialen im Ort).* Nach Sonnenuntergang ist die Uferpromenade südlich des Leuchtturms ganz auf Abendessen eingestellt. Beliebt sind das mediterrane *Ali Baba (tgl. 11–24 Uhr | direkt am Meer nördl. der Holzbrücke | Tel. mobil 0100 1929170 | €–€€)* und zehn Gehminuten weiter südlich das italienische *Ramez & Paola (Di–So 13–23 Uhr | Promenade | Tel. mobil 0122 5579641 | €€)* mit Fisch- und Pastagerichten.

SPORT & SPASS

DAHAB SAFARI

Hier kannst du Jeepsafaris buchen, Kamelausflüge in den Sinai, Touren nach Israel und Jordanien *(u. a. 1 Tag Petra ab 190 Euro)*. Oder du verbringst zwei Tage in der Wüste, mit Camping und Abendessen am Lagerfeuer. *Basar | Mashraba | Tel. mobil 0122 82 16 29 89 | dahabsafari.info*

KITEN & WINDSURFEN

Der Thermiksog der Bergwelt macht Dahab zum idealen Surfrevier. Leihausrüstung und Kurse gibt es u. a. beim *Harry Nass Windsurf & Kite Center (Tel. 069 3 64 05 59 | harry-nass.com)* und im *Swiss Inn Resort (swissinn.net/dahab)*.

TAUCHEN

An der Uferpromenade im Ort finden sich viele Anbieter wie *Dahab Divers, Orca* und *Subex*. Renommiert ist auch *Inmo Divers (direkt am Strand | Masbath | Tel. mobil 0100 0 08 73 82 | inmodivers.de)*.

RED SEA ENVIRONMENTAL CENTRE

INSIDER-TIPP Tauchen für den Umweltschutz

Beim RSEC, wie sich die Umweltschützer kurz nennen, können Tauchfans bei Putz- und Monitoring-Aktionen an den Riffen mithelfen. Und bekommen dafür Tauchtouren zum Sonderpreis. Mehr noch: Bei meeresbiologischen Unterwasser-Exkursionen und Seminaren lernt man in Theorie und Praxis viel über Korallenriffe, aktuell laufende Studien und Forschungsprojekte. *Sinai Divers | Tel. mobil 0100 7 70 76 83 | short.travel/aeg29*

STRÄNDE

Die schönsten Strände, weit, feinsandig und auch für Nichtgäste zur Tagesnutzung offen, haben die großen Hotels ganz im Süden Dahabs, u. a. das *Swiss Inn Resort* und das *Jaz*

Abtauchen ist in Dahab fast schon Pflicht, mehrere Schulen vor Ort rüsten dich aus

Dahabeya. Am Uferstreifen im Ort kann man zwischen etlichen Caféterrassen und Meer auf Liegen entspannen, z. B. am *Nirvana Indian Restaurant*, am *Planet*, dem *Yalla* oder am *Sababa Restaurant* nahe dem Leuchtturm.

AUSGEHEN & FEIERN

Wo man isst, da feiert man in Dahab – links und rechts der Brücke über den Wadizufluss zum Meer. *Jackie's, Al Manar, Fayrouz, Friends, Nemo* und *Marley's* sind neben *Jays, Same Same, Everyday, Why Not* und *Garage* einige der beliebten Läden, wo man günstig und lange Party macht. Der Abend beginnt übrigens mit dem Sundowner.

DOWN TOWN

Am Meer liegt das Café-Restaurant *(€€)*, in dem du direkt am Strand entspannst, gegenüber der Promenade befindet sich in dem doppelstöckigen Holzschiff das Hotel. Abends gibt's oft Livemusik, und es wird gefeiert. *Tgl. 10–1 Uhr | Promenade | Masbat*

NUWEIBA

(🕮 L7) **Ein Refugium der Ruhe. Nur wenige Reisende kommen hierher, aber Nuweiba (3200 Ew.) hat Fans, die auf den Ort 70 km südlich der Grenze zu Israel schwören.**

Die Hafenstadt wirkt beschaulich, ein wenig wie von der Welt vergessen. Im Zentrum findest du kleine Geschäfte, Restaurants, Supermarkt und Apotheke. Touren in die Bergwelt des Sinai sind hier billiger als anderswo – Auskunft bekommst du in den Kaffeehäusern und den Camps von Nuweiba bzw. Tarabin. Vom Hafen fahren täglich Fähren ins jordanische Aqaba *(einfache Fahrt ab rund 60 Euro | Tel. 069 3 52 05 91 | abmaritime.com.jo)*. Das Visum für Jordanien erhalten EU-Bürger dort.

ESSEN & TRINKEN

In den Hotels isst man gut, günstiger aber im Ortskern von Nuweiba, wo *Dr. Shishkabab* (Fleisch) und das *Ganet el Asmak* (Fisch) ägyptisch kochen. Gutes Essen bekommt man auch bei einem Abstecher zur *Habiba Beach Lodge*, deren Betreiber auf der eigenen Farm Biolebensmittel produzieren.

SPORT & SPASS

HABIBA BEACH LODGE

Die Beduinen des Ökocamps organisieren auch für Nichtgäste Tauchausflüge sowie Kamel- und Jeeptouren in die Bergwelt des Sinai *(ab ca. 30 Euro pro Person)*. Drei Tage dauert die besonders bei Kindern (ab 10 J.) beliebte beduinische Kamelreitschule *(Okt.–April | 235 Euro inkl. Übernachtungen, Frühstück). Habiba Bay | Tel. mobil 0122 2 17 66 24 | habibacommunity.com*

STRÄNDE

Die Strände sind feinsandig, man kommt gut ins Wasser. Die schönsten Abschnitte sind die am und südlich des *Time Coral Nuweiba Resort*, das „beach use" für 240 £E pro Person am Tag anbietet.

RUND UM NUWEIBA

3 TARABIN

2 km, 10 Min. Autofahrt von Nuweiba

Hippiedorf nördlich von Nuweiba in einer malerischen Bucht. Hier kannst du baden, günstig wohnen oder in einem der Restaurants gut essen, z. B. im *White Palace* oder im *Blue Bus*. Zuletzt war es hier wegen der Tourismusflaute ausgesprochen ruhig. *L7*

4 CASTLE ZAMAN

32 km, 40 Min. Autofahrt von Nuweiba

Eine Designerburg aus Naturmaterialien: Nördlich von Nuweiba, hoch über dem Ufer, thront das Zaman mit Lounges, Pool, Drinks, Chill-out-Musik. In diesem kleinen Architekturtraum bekommst du mit einem Tag Vorbestellung Slow Food aus regionalen Produkten, u. a. *Za Beef Leg*, das ist Rinderhaxe nach pharaonischem Rezept. *Tgl. 12–21 Uhr | Mindestverzehr 900 £E pro Person (rund 30 Euro) | Tel. mobil 0128 2 14 05 91 | castlezaman.com | L6*

INSIDER-TIPP
Königliches Mahl

5 COLOURED CANYON ★

30 km entfernt, Tages- oder Übernachtungstour von Nuweiba aus

Es wird abenteuerlich! Der Name des schmalen Tals kommt nicht von ungefähr: Die von Wasser, Wind und Sand geschliffenen Felsen mit den unterschiedlichsten Gelb-, Braun- und Rottönen und den geheimnisvollen Mustern sind ein eindrucksvolles Naturschauspiel. Eine Tour *(z. B. übers Hotel buchbar)* unternimmst du, geführt von Beduinen, mit dem Jeep oder dem Kamel. Besonders schön ist es, den Ausflug mit einer Übernachtung in der Wüste zu verbinden. Du brauchst dazu nur einen Schlafsack, festes Schuhwerk und warme Kleidung. *Kosten Tour pro Tag inkl. Verpflegung, Transport und Führung umgerechnet ab ca. 40 Euro | L6*

Irre, mit was für Farben und Formen die Natur im Coloured Canyon aufwartet

ROTES MEER

TOTAL ENTSPANNT

Willkommen in Ägyptens größter Badewanne! An der Küste des Roten Meers läuft der Strand- und Spaßbetrieb das ganze Jahr. 1000 km weißer Sandstrand und felsige Buchten, Palmenhaine, Korallenriffe und im Hinterland rötlich leuchtende Gebirgshänge – überall sind in den vergangenen Jahren Feriensiedlungen, künstliche Städte, Tauch- und Surfcenter entstanden.

Irgendjemand führte mal den Begriff „Riviera des Nahen Ostens" ein, und inzwischen scheint diese Vision Wirklichkeit zu sein. Hurghada

Urlaub in Hurghada ist, wenn dich nur die Strandliege ruft

ist das Zentrum des Tourismus, mit über 100 aneinandergereihten Beachresorts. Das Freizeit- und Unterhaltungsangebot hier ist so groß wie sonst kaum irgendwo im Land. Nördlich davon liegt das elegante Feriendorf El-Gouna, ein Klein-Venedig mit Kanälen und Brücken. Und im Süden bei Marsa Alam wurden weitere, bislang unberührte Areale erschlossen. Mit Katamaranbooten kann man auch den Sinai schnell erreichen: von Hurghada aus in etwa 1½ Stunden. Ausführlicher informiert der MARCO POLO „Rotes Meer/Sinai" über die Region.

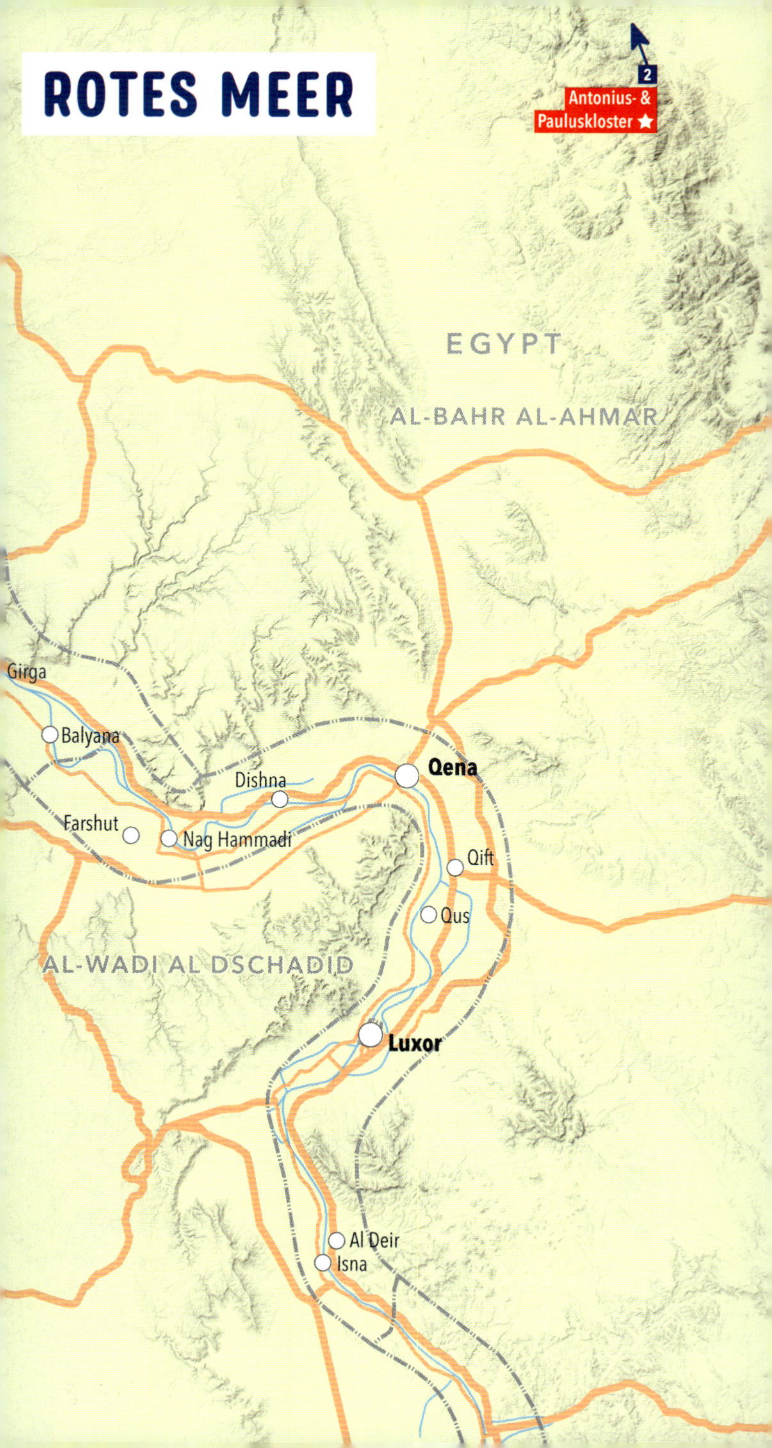
ROTES MEER
2
Antonius- &
Pauluskloster
EGYPT
AL-BAHR AL-AHMAR
Girga
Balyana
Dishna
Qena
Farshut
Nag Hammadi
Qift
Qus
AL-WADI AL DSCHADID
Luxor
Al Deir
Isna

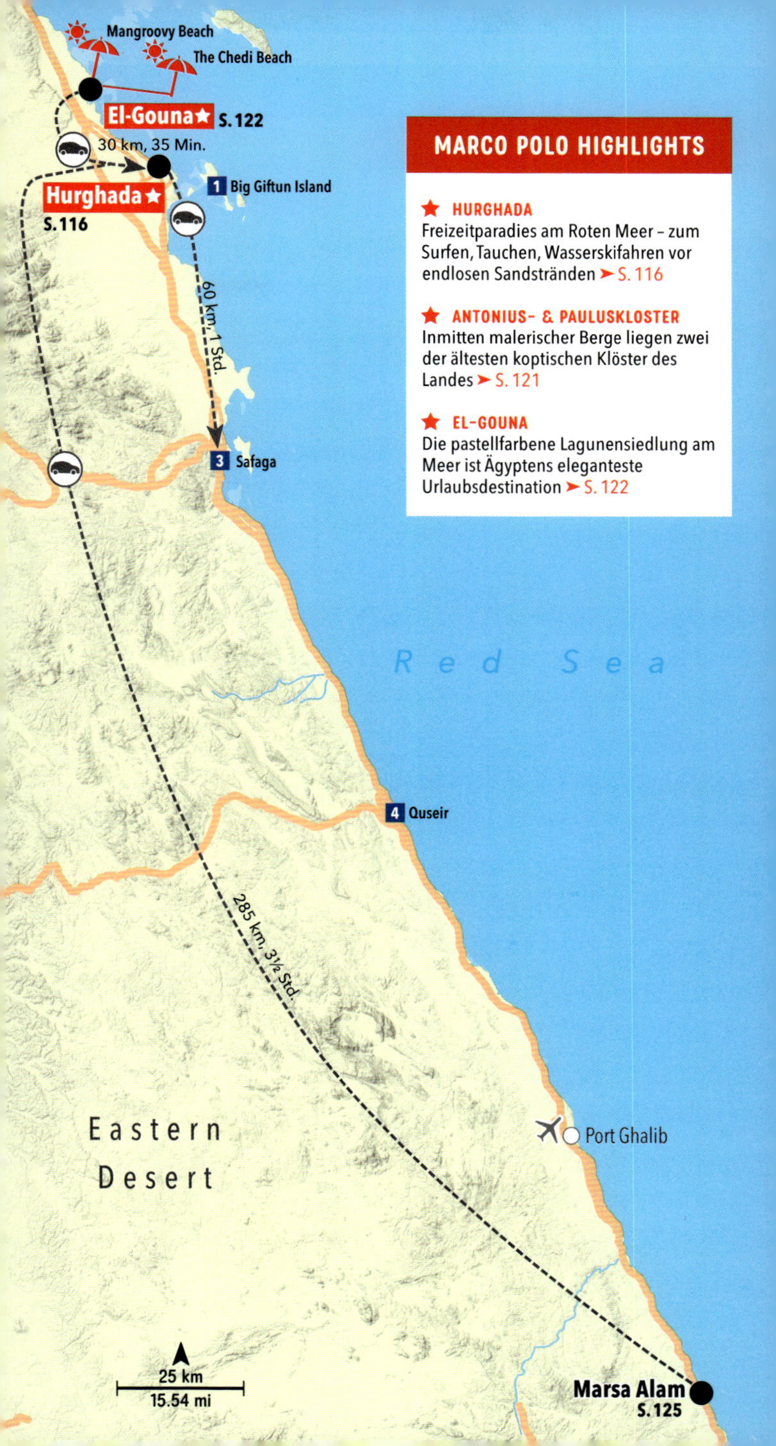

MARCO POLO HIGHLIGHTS

★ **HURGHADA**
Freizeitparadies am Roten Meer – zum Surfen, Tauchen, Wasserskifahren vor endlosen Sandstränden ➤ S. 116

★ **ANTONIUS- & PAULUSKLOSTER**
Inmitten malerischer Berge liegen zwei der ältesten koptischen Klöster des Landes ➤ S. 121

★ **EL-GOUNA**
Die pastellfarbene Lagunensiedlung am Meer ist Ägyptens eleganteste Urlaubsdestination ➤ S. 122

HURGHADA

(◫ K11) **Vom verschlafenen Fischerdorf mit zwei windschiefen Hotels zum internationalen Ferienparadies – das rasante Wachstum hat ★ Hurghada zur Boomtown am Roten Meer werden lassen.**

WOHIN ZUERST?

Hurghada besteht aus mehreren Teilen, das erschwert die Orientierung. Der Beginn der **Sheraton Road in Siqala** ist ein Zentrum des Orts, mit Geschäften (hübsch ist die seitliche autofreie Sherry Street) und der nahen Hurghada-Marina, dem neuen Hafenviertel. 4 km südlich schließt sich der **Tourist Boulevard** an, eine lange Fußgängerzone mit Läden, Restaurants und Clubs.

Rund 50 000 zugezogene Ägypter und Ausländer leben hier, wenn der Tourismus läuft, überwiegend und nicht schlecht von den Urlaubern. Diese Einwohnerexplosion kann man durchaus als unkontrolliert bezeichnen. Da überrascht es nicht, dass Hurghada viel von seinem Charme eingebüßt hat, weil Investoren sich zwar meist an die Regel hielten, kein Hotel höher als drei Stockwerke zu bauen, am Ende aber die Landschaft mit 30 km aneinandergereihter Ferienanlagen zubauten – mit Clubhotels, die fast alle demselben Schema folgen: ein Ring von Apartmenthäusern, der zum Strand hin offen ist. Und in dritter, vierter Reihe, weit vom Meer entfernt, entstanden ziemlich uniforme Wohnsiedlungen, viele Häuser davon ausschließlich mit Ferienwohnungen.

Der Freizeitwert Hurghadas aber ist höher als sonst irgendwo entlang der Küste. Dutzende Tauchclubs buhlen um Kundschaft, Surfcenter verleihen Bretter. Du kannst schnorcheln, zu einsamen Inseln auslaufen oder einfach am Strand liegen. Kulturtrips zu den pharaonischen Tempeln und Gräbern in Luxor sind von hier aus schon als Tagesausflug möglich.

In *Al-Dahar*, Hurghadas Zentrum ganz im Norden, findest du den Basar und die günstigsten Hotels sowie das Postamt. Südlich davon, hinter dem Berg *Gebel Al-Afish*, schließt sich der Ortsteil *Siqala* an (oft Sigala ausgesprochen). Dort ist der *Marina Boulevard (hurghada-marina.com)* mit Cafés, Restaurants, Clubs, Bars und schicken Geschäften der Flaniertreff. Südliche Vororte sind Buchten wie Soma und Makadi Bay.

SIGHTSEEING

HURGHADA GRAND AQUARIUM

Muränen, Haie, Delfine, Rochen, Schildkröten ... über 1200 Meerestiere sind hier in riesigen Aquarien unterwegs. Durch die dicken Scheiben, an denen sich nicht nur Kinder die Nasen platt drücken, und in einem Glastunnel erlebst du die Unterwasserwelt zum Greifen nah. Für 90 Euro tauchst du mit Haien. *Tgl. 9–19 Uhr | Eintritt 870 £E, Kinder 430 £E | Safaga Village*

Road, km 12 | Tel. 0111 6 18 11 17 | hurghadaaquarium.com | ⏲ *2–4 Std.*

HURGHADA MUSEUM

Klein und fein: In dem Museum siehst du tolle Exponate (u. a. Büsten, Ikonen, Schmuck) aus der Pharaonenzeit bis ins 19. Jh. *Tgl. 10–13 u. 17–22 Uhr | Eintritt 350 £E | Airport Road, Mubarak 6 | hurghadamuseum.com |* ⏲ *1 Std.*

ESSEN & TRINKEN

BORDIEHNS

Lust auf kulinarische Abenteuer? Hier gibt es sie: Das Restaurant ist der Klassiker im Ort für besondere Gaumenfreuden wie Kamelschinken mit Melone, Kamelsteak und -sauerbraten. In der „Heimwehecke" der Karte finden sich Schnitzel und Bratwurst. *Tgl. 17–21.30 Uhr | im Arabia Azur Resort | Siqala | Tel. mobil 0100 5 45 99 91 | bordiehn.org | €€–€€€*

INSIDER-TIPP
Kamel probieren

AL HALAKA FISH RESTAURANT

Die Nähe zum Fischmarkt, der 2022/23 neu gebaut wurde, verheißt Gutes: Hier schlemmst du mit vielen Einheimischen Muscheln, Meeresfrüchte und Fisch, den du dir an der Fischtheke selbst aussuchst und dann wählst, wie du ihn zubereitet haben möchtest. *Tgl. 11–23 Uhr | Siqala | Tel. mobil 0100 4 56 28 00 | €€*

STARFISH SEAFOOD

Laut, voll, aber ein herrlich bodenständiges Fischlokal. Dafür kann man ruhig mal das All-inclusive-Dinner im Hotel sausen lassen. Den Fisch wählt man an der Theke aus, besonders lecker: *Buri Sengari,* mit Gemüse und Gewürzen aufgeklappt im Holzofengrill zubereitet. *Tgl. 12.30–0.30 Uhr | Sheraton Road | Siqala | Tel. 065 3 44 37 51 | €€*

MOBY DICK

An der vor allem bei nächtlicher Beleuchtung sehenswerten Al Dau Art Promenade genießt du im Moby Dick

Schnorchel nicht vergessen! Vor Hurghadas Küste tun sich unter Wasser Welten auf

(tgl. 15–1 Uhr | Tel. mobil 0100 0 03 52 33) z. B. Kamelsteak und gute Drinks. Das gleichnamige, sehr populäre Mutterhaus *(tgl. 14–1 Uhr | Sheraton Road | Tel. 065 3 44 00 50)* findest du in Downtown. €€–€€€

SHOPPEN

MAMSHA PROMENADE

Die Promenade, die sich im südlichen Hurghada entlang der großen Hotels erstreckt, entfaltet ihr Flair am Abend. Du kannst hier Souvenirs und Klamotten shoppen, im Freien oder klimatisiert essen, trinken, Shisha rauchen oder einfach nur flanieren.

AUC BOOKSTORE

Die Auswahl im Buchladen der American University in Cairo Press ist großartig. *Tgl. 10–21 Uhr | Al Dau Art Promenade | beim Steigenberger Al Dau Beach*

SENZO MALL

Boutiquen, Supermärkte, Cafés, Restaurants – in der größten Mall am Roten Meer gibt es so gut wie alles. *Tgl. 10–23.30 Uhr | Safaga Road | senzo mall.com*

SPORT & SPASS

MO'S DELFINAUSFLÜGE

Ein langer Tag liegt vor dir. Gegen 6 Uhr wirst du vom Hotel abgeholt, dann bist du gut 12 Std. unterwegs. Mit dem Boot geht es zu Riffen und Stellen, wo sich oft Delfine tummeln. Wenn es gut läuft, siehst du welche, und wenn es noch besser läuft, dann schwimmst du in ihrer Nähe. Leider nötig zu sagen: Du bist im Lebensraum der Delfine. Sie dürfen weder mit Booten gejagt noch sonst wie gestresst werden. Aber das erklärt dir Mo alles auf Deutsch auf dem Boot. *Kosten ca.*

60 Euro inkl. Transfer, Verpflegung an Bord, Schnorchelausrüstung | Tel. mobil 0115 44 47 88 82 | delfinausflug.de

ROYAL SEASCOPE

Glasbodenboot, das zweimal täglich in See sticht und Panoramablicke in die farbenprächtige Unterwasserwelt des Roten Meers möglich macht. *Preise ab 400 £E | Tel. mobil 0122 2 42 42 98 | egyptsunmarine.com*

SINDBAD SUBMARINE

Ein schönes, aber nicht ganz günstiges Meereserlebnis: Das U-Boot bringt 44 Passagiere in 22 m Tiefe zu Korallenbänken und Riffen. Am besten siehst du Fischschwärme und vielleicht sogar Delfine, wenn du auf dem Oberdeck außen sitzt. *Tauchgänge tgl. 10–14 Uhr | Kosten pro Person rund 40 Euro | Tickets über Tel. mobil 0102 8 94 00 09 | sind badexperiences.com | ⏲ 45 Min.*

WATER VALLEY

Auf 100 000 m² toben sich Familien in 48 Pools und auf Dutzenden Wasserrutschen im größten Aquapark des Nahen Ostens aus. *Tgl. 9–18 Uhr | Eintritt 500 £E, Kinder 350 £E | Pickalbatros Neverland Resort | short.travel/aeg30*

STRÄNDE

Die meisten Strände gehören zu Hotels. Zu den schönen öffentlichen Stränden Hurghadas zählen der *Old Vic Beach (Eintritt 150 £E | Sheraton Road | Facebook)* und der *Mahmya Beach (tgl. bis Sonnenuntergang | Ein-*

UNTERWASSERWUNDER

Rund 1500 km Riff umfasst der ägyptische Teil des Roten Meers, mindestens 5000 Fisch- und 2500 Korallenarten leben hier: ein eindrucksvolles Biotop – und ein bedrohtes, denn alle Arten hängen voneinander ab. Wer einer Gattung schadet, schadet allen. Experten schätzen, dass bereits über zwei Drittel der Korallenriffe vor Hurghada geschädigt sind, vor allem durch Taucher und Schnorchler, die Korallen als Souvenirs mitnehmen. Sogar die fernen Riffe z. B. vor Sharm El-Sheikh sind bedroht, weil Boote ihre Anker festmachen, Ausflügler darauf herumtrampeln.

Als Taucher kannst du etwas dagegen tun: Kläre etwa vor der Buchung mit dem Anbieter, ob bei Tauchgängen nur an Bojen festgemacht wird, und sag es der Crew, wenn du Korallenräuber beobachtest.

Von Hurghada aus in 1–1½ Stunden erreichbar sind das Riff *Shaab Umm Qamar* mit einer fischreichen Grotte und das farbenprächtige *Carless Reef*. Vor der Küste Safagas sind die Riffe um die *Tubiya-Insel (Tobia)* beliebt und 15 km südlich von Marsa Alam das *Dolphin House*, wo man häufig Delfinschwärme beobachten kann. Enthusiasten fahren sogar mehrere Stunden zu Riffen weiter südlich des Orts. Etwas näher am Ufer liegt das fast schon legendäre *Elphinstone Reef*: Begegnungen mit Haien sind hier fast garantiert!

Das Antoniuskloster gilt als ältestes christliches Kloster der Welt

tritt ab 400 £E (die Hälfte als Verzehrbon) | mahmya.com).

AUSGEHEN & FEIERN

Viele Hotels betreiben eigene Clubs, in denen Mainstream gespielt wird.

ELEMENTS CLUB & LOUNGE

Einer der besten Clubs im Ort: Atmosphäre, Drinks, Essen, Service, hier passt alles. Beliebt sind die Ladies Nights. *Di, Do–So 21–3 Uhr | im Steigenberger Aqua Magic Hotel | @elements_club*

PAPAS BAR & CLUB

Ein Hotspot im Nachtleben ist das Papas, wo gern bis zum Morgen gefeiert wird. *Tgl. 15–4 Uhr | Al Mamsha Road | Al Humbra Building | Facebook*

CARIBBEAN BAR

Direkt am Meer isst man in der coolen Bar Gegrilltes, trinkt gute Cocktails, raucht Shisha und lernt schnell Leute kennen, auch viele Expats. *Tgl. 7–24 Uhr | Sheraton Road | im Bella Vista Hotel | Siqala | Facebook*

RUND UM HURGHADA

1 BIG GIFTUN ISLAND

1 Std. Bootsfahrt ab Hurghada

Sie ist die zweitgrößte jener 22 Inseln im Roten Meer, die unter Naturschutz stehen. Vom Mahmya Beach in Hurghada legen die Boote ab zum gleichnamigen *Mahmya-Strandclub (Abfahrten um 8.30 und 10 Uhr – Rückfahrt 15.30 Uhr bzw. bei Sonnenuntergang | Kosten inkl. Lunch rund 40 Euro | Tel. mobil 0100 1 11 97 92 | mahmya.com).* Dieser ist so eine Art Ökocamp mit Liegestühlen, Restaurant und konsequentem Abfallmanagement – die Betreiber geben an, alle Umweltschutzvorgaben einzuhalten. Hier gibt es u. a. Beachtennis und abends oft Livemusik.

Vor dem herrlichen Strand lässt es sich nicht so gut schnorcheln. Etliche Boote fahren darum von Hurghada aus zu besseren Stellen, so z. B. die *Paradise (Abfahrt gegen 9 Uhr ab Mashrabia Resort | Tagestour ab ca. 50 Euro inkl. Snacks und Getränke, Schnorchelausrüstung | Tel. mobil 0101 45 83 84)*, deren Tour zur kleinen Giftun-Insel führt und erst am Nachmittag weiter zur großen. *K11*

2 ANTONIUS- & PAULUSKLOSTER ★

290 km entfernt, 3 Std. Autofahrt von Hurghada

Einem Heiligen auf der Spur: An dem versteckt in den Bergen gelegenen Ort, wo Antonius als Eremit in einer Höhle lebte, befindet sich das älteste und größte koptische Kloster Ägyptens, gegründet im 4. Jh. Ein Highlight in der Anlage mit ihren Gassen, Kapellen, kleinen Häuschen und Gärten ist die dreischiffige *St.-Antonius-Kirche* aus dem 6. Jh. Drei Stunden dauert die Fahrt von Hurghada mit dem Reisebus zum *Kloster des heiligen Antonius (Deir Al-Qaddis Antwan).*

Das *Kloster des heiligen Paulus*, der laut Überlieferung zur selben Zeit wie Antonius in einer Berghöhle lebte, befindet sich nur 12 km Luftlinie – etwa eine halbe Autostunde – entfernt. Wenn du zu Fuß gehen möchtest, brauchst du für die Strecke mehrere Stunden. Zwischen beiden Klöstern gibt es einen schönen Bergpfad, den du aber nur begleitet von einem Ortskundigen unternehmen darfst. *Tgl. 7–17 Uhr, außer an koptischen Feiertagen | Eintritt frei, kleine Spende wird erwartet | je 1–1½ Std. G7*

3 SAFAGA

60 km, 1 Std. Autofahrt ab Hurghada

Wem der Trubel in Hurghada zu viel ist, der liegt südlich der Touristenhochburg im beschaulicheren Safaga (33 000 Ew.) goldrichtig in der Sonne. Tauchspots wie das Panorama-Riff oder das betauchbare Schiffswrack *Salem Express,* eine 1991 gesunkene Fähre, sind erstklassig. Der Ort selbst hat keine Sehenswürdigkeiten. An Schuppenflechte Erkrankte werden hier bei Kuren behandelt. Möglich machen es das um 35 Prozent salzigere Meerwasser und der schwarze Sand, der heilende radioaktive Substanzen enthält.

Die Stadt mit dem ältesten Hafen am Roten Meer wurde 2450 v. Chr. von Pharao Sahure für den Handel und zur Erforschung des Meers erbaut. Heute ist Port Safaga ein Warenumschlagplatz und Marinestützpunkt. *K12*

4 QUSEIR

140 km, 2 Std. Autofahrt ab Hurghada

Idyllisch, überschaubar und überraschend sauber ist der Ort (24 000 Ew.) im Süden von Hurghada. In der einst malerischen Altstadt stehen ein *türkisches Fort* und eine *Moschee* aus dem 13. Jh. Noch wirkt Quseir verschlafen – außer freitags, wenn die Beduinen der Gegend zum wöchentlichen Markttag kommen. Der Ort ist bekannt für seine rigorosen Richtlinien zum Schutz der Unterwasserwelt vor den Küsten. *L13*

EL-GOUNA

(🕮 K10) **Für viele hat ★ El-Gouna einen Nachteil: Die Ferienstadt ist komplett am Reißbrett entstanden und wirkt damit eine Spur zu perfekt.**

Für andere ist genau diese Makellosigkeit die Attraktion: Viele der Bausünden, die etwa in Hurghada gemacht wurden, konnten hier von den Bauherren, der Milliardärsfamilie Sawiris, vermieden werden. Der Ort (24 000 Ew. | *elgouna.com*) fügt sich harmonisch in die Landschaft ein: derzeit 18 pastellfarbene Hotels, ergänzt durch ein Netz teils künstlich angelegter Lagunen und zwei 18-Loch-Golfplätze. Die meisten Hotelzimmer haben Meerblick, nur wenige Unterkünfte allerdings bieten einen eigenen Strand. Ein durch die Lagunen fahrendes Shuttleboot verbindet die Häuser deshalb mit dem *Zeituna Beach*. Hafenatmosphäre bietet die *Abu Tig Marina*: enge, romantische Kopfsteinpflastergassen mit Cafés, Pubs, Boutiquen.

Das Trinkwasser für den Ort wird aus dem Meer gewonnen. Wissensdurstige können sich die *Entsalzungsanlage (Auskunft im Infocenter | Tel. 065 3 56 17 60)* ansehen. Ins 22 km entfernte Hurghada gelangst du mit dem Taxi, im Ort fahren neben Boots- und Busshuttle, auch Tuk-Tuks und E-Bikes. Alle Transport-Infos unter *elgouna.com/transportation.*

Die genannten ortsinternen Telefonnummern sind von außerhalb nur über die Vermittlung erreichbar. Gutes WLAN ist in ganz El-Gouna kostenlos verfügbar. Highspeed-WLAN gibt es gegen Gebühr, Infos dazu im Hotel.

SIGHTSEEING

KAFR EL-GOUNA

El-Gounas künstlicher Ortskern heißt offiziell *Kafr El-Gouna*, wird aber meist einfach Downtown genannt. Hier kannst du bummeln, Einkaufstouren unternehmen und abends in den Kaffeehäusern entspannen. Ein lebendiger Treffpunkt ist das *Club House (tgl. 10–23 Uhr | Tel. mobil 0122 1 61 71 13 | @clubhouseelgouna)* mit Café, Restaurant, Pool und Spa. Oder du gehst in die Multimediashow 🌡 *Culturama (tgl. 9–17 Uhr | Eintritt 70 £E | Bibliotheca Alexandriana | Tel. 065 3 58 00 23 | ⏱ 30–60 Min.)*, um in 5000 Jahre ägyptischer Geschichte einzutauchen und vom Kinosessel aus die berühmten Sehenswürdigkeiten zu erleben.

ESSEN & TRINKEN

CHUCHICHÄSCHTLI

In El-Gounas derzeit bestem Restaurant kannst du vegan und glutenfrei essen. Aber das „Küchenschränkchen" besuchen die meisten eher wegen der auf dem heißen Stein servierten Steaks und der exzellenten Schweizer Spezialitäten, darunter Bündnerplättli, Walliser Chässchnitte und Rüeblisuppe. *Tgl. 17–23 Uhr | Downtown | Tel. El-Gouna intern 3 41 05 | swisshouse-elgouna.business.site | €€€*

INSIDER-TIPP
Wer hat's erfunden?

Am Wasser sitzen und Boote gucken: Die Abu Tig Marina hat entspanntes Urlaubsflair

PUDDLEDUCK
Das kleine Restaurant hat viele Fans. Das Personal ist freundlich, die Qualität der Küche gleichbleibend gut. Viele Gäste kommen einzig und allein wegen des leckeren Kamelfilets. Sonntags gibt es englischen Brunch und auch zu Lunch und Dinner britische Spezialitäten. *Tgl. 12–23 Uhr | Downtown | Tel. El-Gouna intern 3 21 23 | puddleduck-elgouna.business.site | €€*

LE GARAGE GOURMETBURGER
In der „Garage" tragen die Kellner Blaumann. Die Speisekarte bietet Burger vom Feinsten mit ungewöhnlichen Zutaten, z. B. mit Blauschimmelkäse, Walnüssen, Trauben. *Tgl. 13–24 Uhr | Abu Tig Marina | Tel. El-Gouna intern 7 79 63 | Facebook: le garage.elgouna | €–€€€*

MAZAGOUNA
Libanesische Spezialitäten werden hier authentisch zubereitet und in traditionellem Ambiente serviert. *Tgl. 10–24 Uhr | Abu Tig Marina | Tel. mobil 0106 6 45 21 08 | @mazagouna_el gouna | €€–€€€*

SAIGON
Der Shootingstar in der Gourmetszene von El-Gouna: vietnamesische Küche der Extraklasse im familiär betriebenen Restaurant. *Tgl. 12–23 Uhr | Abu Tig Marina | Tel. El-Gouna intern 7 78 54 | €€*

BUZZHA BEACH RESTAURANT & BAR
Relaxen am Strand bei Pizza aus dem Holzofen und guter Musik. *Tgl. 9–19 Uhr | Buzzha Beach | Tel. mobil 0122 8 84 28 39 | €€*

Wem Surfen zu lahm ist: El-Gouna ist längst ein Kitesurfer-Hotspot

SHOPPEN

EGYPTIAN HANDICRAFT

Schöne kunsthandwerkliche Souvenirs bekommst du bei Egyptian Handicraft neben dem alten Museum. Mit dem Kauf unterstützt du Ägypterinnen im ganzen Land: Ein Teil der Einnahmen fließt wohltätigen Zwecken zu.

SPORT & SPASS

WASSERSPORT

El-Gouna hat sich weltweit einen Namen als Kitesurfrevier gemacht. Eine der besten Schulen ist *Kite Power El-Gouna (Tel. mobil 0101 1554700 | kitepower-elgouna.com)*. Der Crashkurs kostet 380 Euro (8 Std./2–3 Tage). Du möchtest lieber in die Tiefe statt in die Lüfte? Viertägige Tauchkurse (PADI Open Diver) kosten ab 360 Euro beim *Orca Dive Club (Tel. mobil 0122 2480460 | orca-diveclub-elgouna.com)*. Ausrüstung fürs Stand-up-Paddeln kannst du u.a. im Club House *(s. Sightseeing)* und bei einigen Kitecentern am Mangroovy Beach leihen. Parasailing, Wakeboarding und Katamaranfahrten, auch in entlegenere Ecken, bietet *Ocean Dive Catamaran Sailing Tours (Tel. mobil 0115 4445274)*.

Ein Spaß ist der *Sliders Cable Park (tgl. 9–18 Uhr | 2 Std. rund 20 Euro | Tel. mobil 0102 6022226 | sliderscablepark.com)*. Die großartige Wasserskianlage mit Schanzen und Hindernissen hat für Anfänger auch Easy-Ride-Lifte.

LAX GYMNASIUM & LOUNGE

Eines der schönsten Fitnesscenter Ägyptens erwartet dich an der Abu Tig Marina zu Yoga, Spinning oder Dance-Fitness. Es gibt auch Kurse speziell für Kinder. Tagesgäste aus El-Gouna sind willkommen. *Nordbecken | Tel. mobil 0127 5121222 | Facebook: Laxgouna*

SEGWAY & AUSFLÜGE

Wenn du es weniger sportlich angehen willst: Bei *Segway el Gouna (im Shopping Center Abu Tig Marina | Tel. mobil 0120 6727277)* mietest du die Elektroroller. An der Rezeption kannst du auch eine Bootstour durch die Lagunen und die „Oasis Night“ buchen – mit Dinner in der Wüste und Kamelritt.

STRÄNDE

MANGROOVY BEACH

Der Mangroovy Beach an der nördlichen Spitze von El-Gouna ist der beliebteste Strand: Hier gibt es Wind- und Kitesurfzentren, zwei Bars, und mehrmals wöchentlich werden Beachpartys veranstaltet. Auch Barbecues und Lagerfeuer kannst du hier regelmäßig erleben. *Eintritt frei*

THE CHEDI BEACH

Mit 350 m Länge ist der Strand des Chedi Hotels einer der schöneren im Ort. Für Kids gibt es einen Pool. *Tagesnutzung 250 £E pro Person*

BUZZHA BEACH

Im Norden des Orts, 15 Minuten entfernt von El Gouna Downtown, treffen sich am Strand Kitesurfer und Beachvolleyballer.

AUSGEHEN & FEIERN

Freitags ab 20 Uhr steigt in den Sommermonaten ein Hafenfest an der *Abu Tig Marina* mit Getränken, Snacks und Livemusik.

Wenn donnerstags DJs am Pool der *Captain Cook Bar (Cook's Club Hotel | short.travel/aeg31)* auflegen, sind „Thursday Night Vibes" angesagt.

INSIDER-TIPP
Sonnenuntergangsstimmung

Ein Tipp auch für den Sundowner: Der Strandclub *Moods (tgl. 9–2 Uhr | Abu Tig Marina | @moods_elgouna)* spielt immer gute Musik, die donnerstags ab 23 Uhr von internationalen Gast-DJs kommt.

BARTEN RESTAURANT & BAR

In der kleinen Resto-Bar isst du das beste Sushi weit und breit, und die Cocktails sind mehr als ordentlich. *Tgl. 13–0 Uhr | Abu Tig Marina | @barten.elgouna*

MARSA ALAM

(M16) **Als gälte es, die verlorene Zeit aufzuholen, wird seit der Aufhebung der militärischen Sperrgebietszone südlich von Marsa Alam (10 000 Ew.) ein Tourismusprojekt nach dem anderen hochgezogen.**
Sehr zum Leidwesen der Tauchenthusiasten, die immer schon mit Booten vor die Küste fuhren, um die schönsten Korallenriffe des Landes möglichst allein zu genießen. Beliebt ist die Region, weil hier im Gegensatz zu Hurghada die Chance noch ziemlich groß ist, beim Tauchen Delfine zu sichten.

Von wenigen Ausflügen abgesehen, kann man sich hier mangels Angebot ganz der traumhaft schönen Gegend widmen, z. B. im Tal der Kamele, dem wundervollen Naturschutzpark *Wadi El-Gemal*. Tauch- und Wüstentouren dorthin vermitteln die Hotels.

ESSEN & TRINKEN

MASHRABIA 2

Wenn du statt Hotelkost mal Appetit auf ägyptische Küche hast, ist das Lokal eine gute Wahl. „Grill & Eastern Cuisine" heißt es hier. *Tgl. 9–23 Uhr | Tel. mobil 0128 22 49 0 78 | €€*

ERLEBNIS TOUREN

Lust, die Besonderheiten der Region zu entdecken? Dann sind die Erlebnistouren genau das Richtige für dich! Ganz einfach wird es mit der MARCO POLO Touren-App: Die Tour über den QR-Code aufs Smartphone laden – und auch offline die perfekte Orientierung haben.

1 ZU ÄGYPTENS SCHÖNSTEN TEMPELN AM NIL

- Wo die Pharaonen Tausende Jahre für die Götter bauten
- Zu Besuch beim Krokodilgott von Kom Ombo
- Edfu – der am besten erhaltene Tempel Ägyptens

Start: Luxor
Ziel: Luxor
Strecke: ca. 520 km
Dauer: 7 Tage, reine Fahrzeit 9 Std.

Mietwagenverleih ab und bis Luxor International Airport.
Gute Straßenkarte mitnehmen!
Der Kamelmarkt in 6 Daraw ist Di und Do am belebtesten.

Auf dem Nil blähen sich die Segel der Flusskreuzer

AUF INS FLUSSTAL

TAG 1–4

1 Luxor

Nimm dir zu Anfang drei Tage Zeit, um **1 Luxor** ➤ S. 62 mit seinen sensationellen Sehenswürdigkeiten zu erkunden. *An Tag 4 geht es nach Sonnenaufgang auf der zunächst östlich des Flusses verlaufenden Niltalstraße Nr. 2 („Cairo Aswan Road") Richtung Assuan.* Ringsum Äcker und Fellachen, die teils noch mit Ochsengespann pflügen, von den Feldern winken dir oft Kinder zu – eine Bilderbuchlandschaft mit Schönheitsfehler: Weil sie zur Existenzsicherung ihrer Familien beitragen müssen, dürfen viele Kinder nicht zur Schule gehen, sie bleiben Analphabeten.

58 km 1 Std.

2 Esna

Südlich von Luxor schmiegt sich **2 Esna** ➤ S. 72 *ans westliche Flussufer.* Hier siehst du die einzige Nilschleuse zwischen Qena und Assuan; sie lässt nur zwei Schiffe pro Stunde durch und sorgt bei Hochbetrieb für Schiffsstaus. Besuch den **Tempel**, eine imposanten Ruine zu Ehren des ptolemäischen Gotts Chnum. Das Monument liegt durch Absenkung heute 9 m unter dem Bodenniveau.

WO SICH NIL UND WÜSTE TREFFEN

120 km 2 Std.

Auf der westlichen Flussseite fährst du weiter und wechselst dann in Edfu auf die östliche. Der nächste Stopp liegt

3 Kom Ombo

45 km 40 Min.

4 Assuan

TAG 5-6

weiter südlich: 3 Kom Ombo ➤ S. 72. Der Tempel zweier Gottheiten erhebt sich majestätisch am Ostufer – ein faszinierender Anblick. Hinter Kom Ombo wird der Nil auf der Weiterfahrt immer schmaler, die Ufervegetation spärlicher. Zunehmend reicht die Wüste bis an den Fluss. Das satte Grün verschwindet im Rückspiegel. *Am Nachmittag erreichst du* 4 Assuan ➤ S. 73. Für diesen wohl schönsten, beschaulichsten Ort sind die nächsten zwei Tage reserviert.

SEGEL SETZEN UND TEE TRINKEN

Direkt am Nilufer mietest du heute eine Feluke *(Kosten ab 10 Euro/Std.)* und setzt in zwei bis drei Stunden u. a. über nach Elephantine Island ➤ S. 74 mit ihren Tempelruinen. Von dort aus geht der Törn über die üppig grüne Botanical (Kitchener) Island weiter zum kargen Westufer mit dem Agha-Khan-Mausoleum *(kein Zutritt)*, bevor ihr zurück ans Ostufer segelt – mit Blick auf Assuans Corniche und das Sofitel Legend Old Cataract ➤ S. 79. *Dort lässt du dich absetzen, gehst zum Hotel hoch* und genießt auf der Terrasse bei einem kühlen Hibiskustee und Sandwiches die Aussicht.

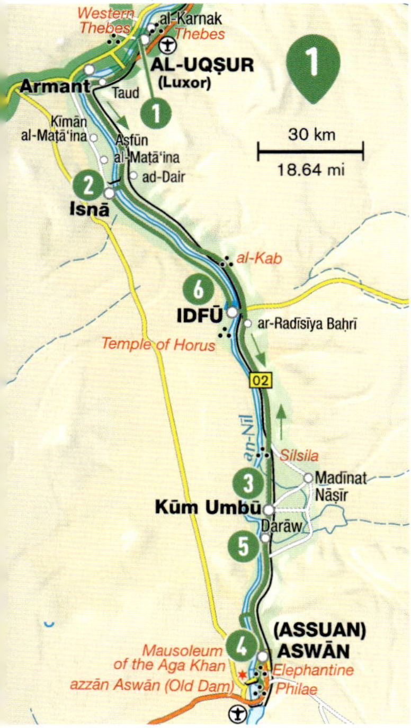

IM SATTEL ZUM STAUDAMM

An Tag 6 schwingst du dich frühmorgens auf das E-Bike, das du am Vorabend im Guesthouse Bet El Kerem *(Kosten ab 300 £E/Tag | Nagh el Kuba | Tel. mobil 0122 391 10 52)* gemietet hast. *Erst geht's durch die quirlige Stadt, dann in Nilnähe zur ca. 9 km entfernten Insel* Philae ➤ S. 75 mit dem Isis-Tempel. Zu ihr setzt du vom Ufer per Motorboot über (ohne Rad). *Auf dem Rückweg hinein nach Assuan radelst du am berühmten alten* Staudamm ➤ S. 74 *sowie bei einem kurzen Abstecher am Steinbruch mit dem* Unvollendeten Obelisken *vorbei*. Abends gönnst du dir ein Essen im nostalgischen Restaurant 1902 ➤ S. 76 des Old Cataract.

VON KAMELEN UND FALKEN

Heute begibst du dich entlang des östlichen Flussufers auf den Rückweg nach Luxor. Unterwegs legst du einen ersten Stopp im Ort ❺ Daraw *ein*, der wegen seines Kamelmarkts berühmt ist. *Dann fährst du bis* ❻ Edfu ➤ S. 72, *das auf der anderen Flussseite liegt.* Hier erwartet dich der am besten erhaltene Tempel Ägyptens, geweiht ist er dem Falkengott Horus. *Im Anschluss sind es dann noch rund zwei Stunden Fahrt nach* ❶ Luxor.

TAG 7

116 km 4 Std.

❺ Daraw

70 km 1 Std.

❻ Edfu

112 km 1 Std. 40 Min.

❶ Luxor

❷ NACHTWANDERUNG AUF DEN MOSESBERG

- ➤ **Auf Kamelen durch die Nacht**
- ➤ **Sonnenaufgang am heiligen Berg**
- ➤ **2700 Stufen für ein Gelübde**

Start: Katharinenkloster
Ziel: Katharinenkloster

Strecke: 7,4 km
Dauer: 6½ Std., reine Gehzeit 4½–5 Std.

Schwierigkeit: mittel
Aufstieg: 756 m

Kosten: Anfahrt von Sharm El-Sheikh ab 40 Euro, von Dahab ab 20 Euro/Person im voll besetzten Fahrzeug, beduinischer Führer ca. 20 Euro, mit Kamel ca. 25 Euro
Mitnehmen: Wanderschuhe, warme Kleidung, Taschenlampe und Reisepass (wegen Checkpoints)
Achtung, sei wegen der Sicherheitskontrollen am besten 4 Std. vor Sonnenaufgang am ❶ Katharinenkloster.
Der Aufstieg erfordert Kondition, aber keine Höchstleistungen. Am Tag kann er ohne einen Führer unternommen werden, bei Nacht solltest du jedoch unbedingt einen beduinischen Guide anheuern.
Nimm beim Abstieg den kürzeren Weg über den Sikket Sayyidna Musa nur, wenn du fit bist und belastbare Gelenke hast.

Sorgt für Gänsehautfeeling: der Sonnenaufgang auf dem Mosesberg

❶ Katharinenkloster

0,4 km 10 Min.

❷ Sikket Al-Basha

0,3 km 8 Min.

❸ Wadi Al-Deir

3,1 km 2 Std.

❹ Elias-Plateau

Früh am Morgen wird die nächtliche Stille vor dem ❶ Katharinenkloster ➤ S. 107 durch Stimmengewirr und eintreffende Autos beendet. Auf dem Parkplatz vor der Anlage herrscht Basarstimmung. Beduinen warten auf Kundschaft und wollen dich überzeugen, für den Aufstieg ein Kamel zu mieten, was für zwei Drittel der Strecke möglich ist (eher schwachen Gehern empfohlen).

TEE IM MONDSCHEIN

Der Aufstieg auf den Berg Horeb, an dem Gott der Überlieferung nach Moses die Zehn Gebote übergab, *erfolgt über den* ❷ Sikket Al-Basha, den Weg des Paschas, mit Schotterserpentinen. Seine besondere Bedeutung bekam der Berg erst in christlicher Zeit, deshalb pilgern auch vorwiegend Christen auf seinen Gipfel. In mondlosen Nächten *läuft man im Stockfinsteren durch das Tal* ❸ Wadi Al-Deir. Unterwegs zum Gipfel passiert man etliche kleine Kioske, an denen Tee, Wasser und Kekse verkauft werden. Leg also ruhig eine Erfrischungspause ein.

DEINE STUFEN DES ERFOLGS

Vor dem Gipfel erreichst du das ❹ Elias-Plateau, das auch „Amphitheater der 70 Weisen" genannt wird, weil hier Moses' Begleiter zurückbleiben mussten. Imposante Granitfelsen umgeben den heiligen Ort. *Von hier aus sind es noch 750 anstrengende, weil ungleichmäßig hohe Stufen bis zur Spitze des Bergs.* Die Temperaturen liegen unter zehn Grad, ein kühler Bergwind weht. Ältere Pilger müssen sich auf den letzten Metern oft von Begleitern stützen lassen.

0,7 km 45 Min.

DAS AHA-ERLEBNIS

An manchen Tagen erwarten mehrere Hundert Schaulustige den Sonnenaufgang. Viele staunen über den nun sichtbaren Höhenunterschied, den sie in der Dunkelheit überwunden haben. Der Ausblick über den versteinerten Ozean, dessen Felsen in der Dämmerung minütlich die Farben wechseln, ist atemberaubend.

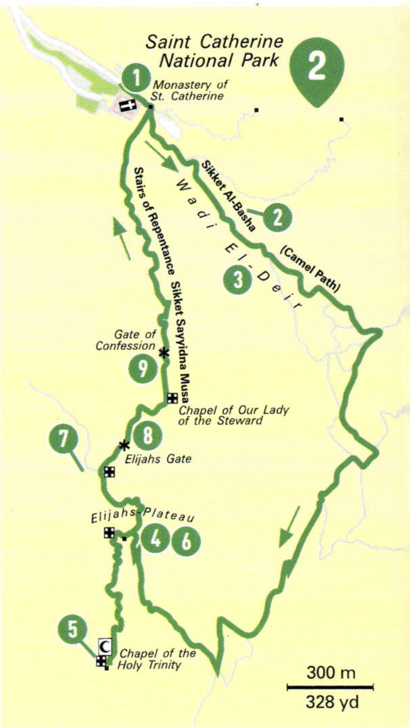

AUF MOSES' SPUREN

Auf dem Gipfel des Gebel Musa, wie der Berg auf Arabisch heißt, steht die **5 Kapelle der Heiligen Dreifaltigkeit**, an deren Stelle sich Gott Moses in einer Feuerwolke offenbart haben soll. *An ihrer Nordmauer, hinter einem Eisenzaun, gibt es eine kleine Nische,* in die Moses sich ehrfurchtsvoll geduckt haben soll, als er Gott erblickte – in Spuren am Felsen glaubt man, die Abdrücke Moses' zu sehen. In der Nähe steht eine Moschee, die, genau wie die kleine Kirche, meist aber nicht für Besucher geöffnet ist.

5 Kapelle der Heiligen Dreifaltigkeit

0,6 km 30 Min.

6 Elias-Plateau

BERGPANORAMEN GENIESSEN

Beim Abstieg gehst du zunächst wieder hinunter zum **6 Elias-Plateau**, auf dem sich mehrere kleine Kapellen befinden. Die älteste Zypresse dort ist über 1000 Jahre alt. In der Stille dieses natürlichen Amphitheaters hat der Prophet Elias der Überlieferung nach erstmals Gottes Stimme vernommen. Schmelz- und Regenwasser speist vom Herbst bis zum Frühjahr eine Quelle. Beduinen verkaufen warmen Tee – eine kleine Rast ist

0,3 km 15 Min.

angesagt! Von der Rändern des Plateaus bieten sich dir spektakuläre Ausblicke auf den Sinai.

7 Sikket Sayyidna Musa

0,3 km 10 Min.

8 Eliastor

0,5 km 15 Min.

9 Tor des Glaubens

Der Abstieg über den 7 **Sikket Sayyidna Musa**, den „Weg unseres Herrn Moses", *beginnt rechts neben einem kleinen steinernen Damm. Die Treppe, die du nun hinuntergehst, hat 2700 Stufen.* Sie wurde im 6. Jh. von einem Mönch in Erfüllung eines Gelübdes in den Fels gehauen. *Nach gut 300 m folgt das* 8 **Eliastor** *und 450 m weiter unten das* 9 **Tor des Glaubens**. Pilger mussten bis ins 19. Jh. unter diesem Tor um Vergebung bitten, ehe sie zum Sündenerlass auf den Berggipfel vorgelassen wurden.

BELOHNUNGSFRÜHSTÜCK IM KLOSTER

1,2 km 40 Min.

1 Katharinenkloster

Der Abstieg dauert ca. 1½ Stunden und führt durch eine faszinierende Landschaft mit wunderbaren Ausblicken auf das Kloster. Spätestens hier ist leicht vergessen, dass der Mosesberg nur einer von mehreren möglichen Schauplätzen der biblischen Legende vom Berg Sinai ist. Egal, einen erhabeneren Ort für dieses Ereignis kann es kaum geben. *Am Fuß angekommen,* besuchst du noch das 1 **Katharinenkloster**, das älteste bewohnte christliche Kloster der Welt, bevor du nebenan auf ein einfaches Frühstück in der Cafeteria des **Monastery's Guest House** *(sinaimonastery.com)* einkehrst.

Beim Militärmuseum in El Alamein parkt eine britische Spitfire-Maschine

3 VOM MEERESSTRAND IN DEN WÜSTENSAND

- Dem englischen Patienten auf die Spur kommen
- Fata Morgana über flimmerndem Asphalt
- Sandbaden am Fuß des Bergs Gebel Dakrour

Start: Alexandria
Ziel: Alexandria

Strecke: ca. 1200 km
Dauer: 3 Tage, reine Fahrzeit 15 Std.

Achtung, klär vor Tourbeginn die aktuelle Sicherheitslage! Verlass insbesondere in der Wüste nicht die Hauptstraße.
An der Ortsgrenze von 4 Marsa Matrouh stehen oft Radarfallen.

DAS MEER RUFT!

Früh am Morgen verlässt du 1 Alexandria ➤ S. 84 *Richtung Kairo und hältst dich an der Stadtgrenze westlich (Ausschilderung nach Marsa Matrouh).* Anfangs geht es in der Region um El Maqs durch Industriegebiet: Raffinerien, Chemiewerke, viel Verkehr, schlechte Straßen, gar nicht schön. Doch ab dem Ort 2 Agami riecht man das Meer. Leg hier eine kurze Badepause am schönen Bianchi Beach ein. Dass man *auf der Weiterfahrt* das Meer öfter nicht sieht, liegt an den langen Mauern, hinter denen sich die Ferienresorts, Villen, Häuschen und Strände der ägyptischen Mittel- und Oberschicht verbergen.

TAG 1
1 Alexandria
18 km 20 Min.
2 Agami
88 km 1 Std.
3 El Alamein

DIE SPUREN DES WELTKRIEGS

Der nächste Stopp, 3 El Alamein, steht für den Wahnsinn des Zweiten Weltkriegs: Im Oktober 1942 fielen hier rund 80 000 Soldaten. Generalfeldmarschall Rommel befehligte das deutsche Nordafrikakorps. Der Schlacht und ihren Protagonisten widmet sich das gut ausgeschilderte Al-Alamein Military Museum *(tgl.*

9–16 Uhr | Eintritt 40 £E), das sich auch mit dem ungarischen Forscher Ladislaus Almásy (1895–1951) befasst. Als Spion für die Nazis unterwegs, wurde er durch den Film „Der englische Patient" (1996) berühmt. Auch die Soldatenfriedhöfe *(tgl. 7–17 Uhr | Zutritt frei)* – ein deutscher, ein italienischer und der des Commonwealth – solltest du dir kurz ansehen. Es sind schon ihrer Größe wegen beeindruckende Gedenkstätten.

INSIDER-TIPP
Der englische Patient

185 km 2 Std.

Rund um Siwa: die Dünen der Sahara

Auf der gut ausgebauten Küstenschnellstraße fährst du weiter nach ❹ Marsa Matrouh. In dem von Juni bis September sehr trubeligen Badeort sitzen die Sommerfrischler an den Stränden förmlich aufeinander. Am etwas ruhigeren Rommel Beach befindet sich auch das Rommel-Museum *(So–Do 9–14 Uhr | Eintritt 60 £E)*. Ausstellungsstücke wie z. B. handgezeichnete Schlachtpläne sind in dem ehemaligen Hauptquartier des sogenannten „Wüstenfuchs" zu sehen.

❹ Marsa Matrouh

DURCH DIE FLIRRENDE WÜSTE ZUR PALMENGRÜNEN OASE

Nun musst du den Benzintank auffüllen und der Mittelmeerküste den Rücken kehren. *Auf weitgehend schnurgerader Straße geht es Richtung Süden durch die Westliche Wüste,* flimmernder Fata-Morgana-Asphalt inklusive. Es wird karg. Einsame Wachtürme der Armee und Funkmasten sind mit Dünen und streunenden Kamelen die landschaftlichen Höhepunkte. Doch plötzlich ist Grün am Horizont zu erkennen, erst verschwommen und blass, dann immer klarer: ❺ Siwa ➤ S. 88, die Palmenoase.

313 km 4½ Std.

❺ Siwa

Der Hauptort Siwa Town (Shali) ist erreicht. Sein Wahrzeichen sind die von Regen und Wind zerfressenen

Festungsruinen. Nach dem Einchecken im Hotel kehrst du zum Abendessen auf ein gegrilltes Huhn in **Abdu's Restaurant** *(tgl. 8–23 Uhr | Tel. mobil 0100 8 12 68 33 | €) am Marktplatz* ein und buchst dort gleich für den nächsten Tag eine Jeeptour durch Siwa und in die Wüste *(Kosten ab 40 Euro/Tag)*.

TAG 2

KALTES QUELLWASSER, HEISSER WÜSTENSAND

Pflichtstopp auf dieser Jeep-Exkursion ist heute der antike Tempel **Aghurmi** ➤ S. 89. Von den vielen warmen und kalten Quellen der Oase besuchst du das beliebte **Cleopatra's Bath** ➤ S. 89 *nahe dem Tempel*. Etwas Besonderes kannst du dir in den Sommermonaten *am Fuß des Bergs* **Gebel Dakrour** gönnen: Sandbaden *(Kosten ca. 20 Euro | Buchung: Tel. mobil 0100 3 66 19 05)*. Bis zum Kopf im heißen Wüstensand eingebuddelt zu sein, ist sehr entspannend. Bevor du danach in dein Hotel zurückkehrst, genieß im Restaurant der **Al-Babenshal Heritage Lodge** *(tgl. | Tel. 046 4 60 14 99 | €€)* noch ein ägyptisches Dinner mit tollem Dachterrassenausblick auf Siwa. *An Tag 3 dann geht es auf dem Weg, auf dem du auch angereist bist, zurück nach* ❶ **Alexandria**.

TAG 3

600 km 7½ Std.

❶ Alexandria

GUT ZU WISSEN

DIE BASICS FÜR DEINEN URLAUB

ANKOMMEN

ANREISE

Flüge mit Egypt Air, Lufthansa, Austrian oder Turkish Airlines kosten ab ca. 350 Euro. Andere Linien bieten günstige Flüge nach Hurghada, Sharm El-Sheikh, Marsa Alam, Kairo und Luxor an. Der neue Sphinx International Airport (SPX) nahe der Pyramiden wird u. a. von Condor angeflogen.
Vom Flughafen Kairo aus gelangst du per Taxi oder mit Uber bzw. Careem *(s. unter „Taxi", Kosten ca. 200 £E)* je nach Verkehrslage in 30 Min.–1½ Std. in die Stadt.

GRÜN & FAIR REISEN

Du willst beim Reisen deine CO_2-Bilanz im Hinterkopf behalten? Dann kannst du deine Emissionen kompensieren *(atmosfair.de; myclimate.org)*, deine Route umweltgerecht planen *(routerank.com)* oder auf Natur und Kultur *(gate-tourismus.de)* achten. Mehr über ökologischen Tourismus erfährst du hier: *oete.de* (europaweit); *germanwatch.org* (weltweit).

AUSKUNFT VOR DER REISE

Ägyptisches Fremdenverkehrsamt (Hardenbergstr. 20 | 10623 Berlin | Tel. 030 88 72 46 70 | egypt.travel)

EINREISE

Dein Reisepass muss am Einreisetag noch mindestens 6 Monate gültig sein (in Ausnahmefällen ist die Einreise mit Personalausweis und zwei biometrischen Passbildern möglich). Das Visum bekommst du am einfachsten direkt am Flughafen in Ägypten bzw. am Grenzübergang. Im Flugzeug werden weiße Karten verteilt, die du ausfüllen

Wüstentour? Besser nur in einem Wagen mit Allradantrieb!

+ 1 Stunde Zeitverschiebung

In Ägypten gilt die osteuropäische Zeit bzw. vom letzten Fr im April bis zum letzten Do im Oktober die osteuropäische Sommerzeit.

Stecker Typ C

Die Netzspannung beträgt 220 Volt, gelegentlich 110/115 Volt. Eurostecker passen. In nicht touristisch erschlossenen Regionen sind jedoch manchmal für Steckdosen älteren Typs Universaladapter nötig. Stromausfälle kommen vor.

und später bei der Passkontrolle vorlegen musst. Die Visamarke *(ca. 25 Euro)* gibt es an den Geldwechselschaltern vor der Passkontrolle. Dieses Touristenvisum ist 4 Wochen lang für die einmalige Einreise gültig. Bei elektronischen Visa *(visa2egypt.gov.eg)* gab es häufiger Abrechnungs- und Ausstellungsprobleme. Multiple-Entry-Visa sind vorab bei den Konsulaten zu beantragen:

- *Ägyptisches Konsulat Berlin (Stauffenbergstr. 6–7 | 10785 Berlin | Tel. 030 47 75 47 40)*
- *Ägyptisches Konsulat Wien (Hohe Warte 54 | 1190 Wien | Tel. 0660 3 91 94 86)*
- *Ägyptisches Konsulat Bern (Elfenauweg 61 | 3006 Bern | Tel. 03 13 52 80 12)*

REISEZEIT

Die beste Reisezeit ist von Oktober bis April. In den übrigen Monaten herrscht besonders in Oberägypten drückende Hitze mit nicht selten über 40 Grad.

ZOLL

Waren des persönlichen Bedarfs inkl. 1 l Parfüm, bis zu 200 Zigaretten oder

250 g Tabak und 1 l Spirituosen oder 2 l Spirituosen mit max. 22 Vol.-% sind bei Einreise zollfrei. Bis zwei Tage nach Einreise darf man im Duty-free-Shop weitere 3 l Spirituosen kaufen. Egypt Air betreibt landesweit (u. a. in Malls) Duty-free-Shops, in denen man gegen Vorlage des Reisepasses von Alkohol bis Elektronik alles bekommt.
Verboten ist die Ausfuhr von Antiquitäten sowie Tieren und Pflanzen, die unter Natur- und Artenschutz stehen.
Bei Wiedereinreise in die EU sind z. B. 200 Zigaretten, 2 l Wein, 1 l Spirituosen und sonstige Waren im Wert von bis zu 430 Euro zollfrei. Für die Schweiz geltende Freigrenzen: siehe *short.travel/aeg20*.

WEITER-KOMMEN

INLANDSFLÜGE

Egypt Air (Tel. 0900 70000 | egyptair.com) verbindet täglich Kairo mit Alexandria, Hurghada, Sharm El-Sheikh, Luxor, Assuan und mehrmals wöchentlich mit Marsa Alam und Marsa Matrouh. Weitere Anbieter: *Air Cairo (flyair cairo.com)* und *Nile Air (nileair.com)*.

MIETWAGEN & STRASSENVERKEHR

Internationale Autovermietungen wie Hertz, Avis und Budget haben Niederlassungen in den großen Städten und in den Badeorten, meistens in besseren Hotels und an den Flughäfen. Ein Kleinwagen kostet pro Tag ca. 60 Euro, pro Woche etwa 250 Euro. Buch unbedingt Vollkasko ohne Selbstbehalt. Günstige Preise gibt es bei Online-Vergeichsportalen.
Mit Smartphone/Tablet und GPS-App kommst du gut durch Ägypten. Mit wenigen Ausnahmen funktionieren Navigationshilfen ausgezeichnet. Die Ausschilderung ist oft auch in Englisch gehalten. Eine gute Straßenkarte dabeizuhaben, empfiehlt sich dennoch.
Das Tempolimit beträgt in Ortschaften 50, außerhalb 100 km/h. Es gibt häufig Radarkontrollen. Die Promillegrenze liegt bei 0,0. Geh nicht davon aus, dass die Verkehrsregeln eingehalten werden, und fahr äußerst defensiv. Mit Kamelen, Eseln und großen Schlaglöchern ist immer zu rechnen. Vermeiden solltest du nächtliche Überlandfahrten.

ÖFFENTLICHE VERKEHRSMITTEL

Alle Regionen sind gut zu erreichen. Die beste Zugverbindung besteht zwischen Kairo und Alexandria. Für die Fahrt von Kairo nach Luxor (ca. 9 Std.) sowie Assuan (ca. 13 Std.) bieten sich die Erste-Klasse-Wagen *(ab 50 US$)* und Schlafwagenzüge *(ab 80 US$/Doppelkabine | wataniasleepingtrains.com)* an. Tickets ein paar Tage im Voraus kaufen.
Vor allem am Bahnhof von Luxor warten Schlepper auf den einfahrenden Zug und halten dir schon auf dem Bahnsteig kleine Fotos von Hotels unter die Nase. Ignorier sie! Seriöse Hotels, auch die günstigen, verzichten auf diese Art des Gästefangs.
Die meisten Busse ab Kairo starten am Turgoman-Busbahnhof, Reisebusse nach Sinai fahren vom Sinai-Terminal in Abassiyya ab. Eine schlichte bis

FESTE & EVENTS

RUND UMS JAHR

Der islamische Kalender hat zwölf Mondmonate, das Jahr nur 354/355 Tage. Deshalb bewegen sich die islamischen Feste nach unserem Kalender jährlich um elf bis zwölf Tage nach vorn.

JANUAR/FEBRUAR

International Book Fair (Kairo): Die Buchmesse zählt jedes Jahr Hunderttausende Besucher.

MÄRZ/APRIL

Sham el-Nessim: Frühlingsfest am 1. Mo nach dem koptischen Osterfest

MAI/JUNI

Eid Al-Fitr (10. April 2024, 31. März 2025): Fest zum Ende des Ramadan; drei Tage frei für die Ägypter.

Sandbox Festival (El-Gouna): Performer aus aller Welt, elektronische Tanzmusik nonstop, *sandboxfestival.com*

JULI/AUGUST

Crazy Nights Dance Festival (Kairo): eine Woche orientalische Tanzshows und Workshops, *crazynightsdancefestival.com*

Sommerkonzerte (Kairo): klassische Musik unter freiem Himmel auf der Zitadelle – den ganzen Monat über

Eid Al-Adha (17. Juni 2024, 7. Juni 2025): Opferfest, vier bis fünf Tage frei für alle

Ras As-Sanna (8. Juli 2024, 27. Juni 2025): islamisches Neujahrsfest

SEPTEMBER/OKTOBER

Moulid Al-Nabi (16. Sept. 2024, 5. Sept. 2025): Geburtstag des Propheten Mohammed (Foto)

El Gouna Film Festival: mit ägyptischen, aber auch Hollywood-Stars, *elgounafilmfestival.com*

Contemporary Arts Festival (D-CAF) (Kairo): Musik, Film, Street-Art, zeitgenössische Kunst, *d-caf.org*

NOVEMBER/DEZEMBER

International Film Festival (Kairo): Rund zwei Wochen lang laufen internationale Filme im Wettbewerb, *ciff.org.eg.*

abenteuerliche, oft enge Alternative zu Bus und Bahn sind Sammeltaxis. Lokale Busse und die Kairoer Metro sind Frauen nicht zu empfehlen.

TAXI

Fast alle Taxis haben Taxameter, aber häufig werden sie nicht eingeschaltet. Der Fahrpreis ist somit oft Verhandlungssache. Eine Fahrt im Stadtinnern von Kairo kostet ca. 2 bis 4 Euro, bis zu den Pyramiden gut 10 Euro. Taxis, die vor den großen Hotels warten, verlangen ein Vielfaches. Wenn man sich vorher nach dem Preis erkundigt, z. B. an der Rezeption, kann man nach dem Aussteigen das Geld abgezählt durchs Beifahrerfenster reichen. So erspart man sich am ehesten Diskussionen.

INSIDER-TIPP
Damit fährst du günstig

Stress vermeiden und jede Fahrt gegen zugemailten Beleg bar oder per Kreditkarte zahlen kannst du mit den bestens funktionierenden Fahrdienst-Apps *Uber* und *Careem* – mit exakter Abrechnung. Trinkgeld nicht vergessen.

IM URLAUB

FEIERTAGE

1. Jan.	Neujahr
7. Jan.	Koptische Weihnachten
25. Jan.	Tag der Revolution 2011
25. April	Befreiung des Sinai 1982
1. Mai	Tag der Arbeit
18. Juni	Abzug der britischen Truppen 1956
23. Juli	Jahrestag der Revolution von 1952
6. Okt.	Tag der Überquerung des Suezkanals im Oktoberkrieg 1973

FOTOGRAFIEREN & FILMEN

Außer militärischen Anlagen, Häfen, Brücken, Bahnhöfen, Flugplätzen und neuerdings Kindern (!) darfst du für ausschließlich private Zwecke alles fotografieren. Fremde Menschen wollen aber auch in Ägypten vorher gefragt werden und müssten nach einer neuen Vorschrift sogar schriftlich einwilligen, nun ja. In Museen und Pharaonengräbern sind Blitzlicht und Stativ untersagt, selten Aufnahmen generell verboten.

FRAUEN

Touristinnen werden oft von ägyptischen Männern angesprochen und umworben, besonders in den Urlaubsorten. Das kann lästig sein, gefährlich ist es nicht zwingend. Vermeiden solltest du, was dem Gegenüber Hoffnung machen könnte. Trag einen Ehering, erzähl z. B. von einem Ehemann und Kindern.
Auf körperbetonte Kleidung sowie kurze Röcke und schulterfreie Shirts solltest du verzichten. Meide wegen der allgegenwärtigen Grapscher überfüllte Busse. In bedrängenden Situationen wirst du am besten so laut, dass alle Umstehenden dich hören. Man wird schnell helfen. Größere Menschenansammlungen sollten Frauen unbedingt meiden, denn es ist dabei in den letzten Jahren zu drastischen Übergriffen gekommen.

INTERNET & WLAN

Eine Stunde Surfen in einem der vielen Internetcafés kostet etwa 15 Eurocent aufwärts. Viele Hotels, Cafés und Restaurants bieten ihren Gästen kostenlosen WLAN-Zugang, Hotels dies oft nur in der Lobby, kostenpflichtig aber in den Zimmern und anderen Bereichen. In den Filialen der Mobilfunkanbieter Vodafone/Vodacom, Orange und Etisalat sind sehr günstige Prepaid-Karten für Telefonie und Daten erhältlich *(10 GB für ein paar Euro).*

KLEIDUNG

Leichte, luftige Kleidung eignet sich am besten. Im Winter sollte man einen Pullover und eine warme Jacke dabeihaben. Festes Schuhwerk ist empfehlenswert. Shorts gelten zumindest außerhalb der Badeorte auch bei Männern als unangebracht. In den heißen Quellen der Oasen sollten Frauen mit Rücksicht auf die Oasenbewohner gut bedeckt baden.

ÖFFNUNGSZEITEN

Einkaufen kannst du ab morgens gegen 10 Uhr bis etwa 21 Uhr am Abend, freitags ab etwa 14 Uhr. In den Einkaufsstraßen der Städte und an den Promenaden der Badeorte wird nicht selten bis 23 Uhr verkauft. Oft legen die Händler in den Basaren am Nachmittag eine Siesta ein. Die Kairoer Shoppingmalls sind bis 23 Uhr geöffnet, Supermärkte meist rund um die Uhr. Einige Geschäfte, etwa im Basarviertel Khan El-Khalili, haben am Sonntag zu. Apotheken sind bis spätnachts geöffnet, Banken schließen freitags und samstags, Behörden freitags. Im Fastenmonat Ramadan gelten sehr kurze Sonderöffnungszeiten.

STRÄNDE

Außer in den Touristenorten kommen öffentliche Strände für Urlauber eher nicht infrage, da Bikini und Badeanzug dort verpönt sind. Sauber wie die Hotelstrände sind dagegen in den Badeorten die meisten „Public Beaches", die ein kleines Eintrittsgeld erheben und WC, Umkleiden, Café haben. Viele Strandhotels bieten Nichtgästen die Möglichkeit des oft nicht sehr teuren „day use" (Tagesnutzung) für ihre Strände.

WAS KOSTET WIE VIEL?

Bier	ab 1,50 Euro *für eine 0,3 l-Flasche*
Tee	ab 20 Cent *für ein Glas*
Eintritt	etwa 25 Euro *All-inclusive-Ticket für die Pyramiden von Gizeh*
Imbiss	ab 20 Cent *für ein Falafel-Sandwich*
U-Bahn	20 Cent *für eine Fahrt in Kairo (erste 9 Stationen)*
Souvenir	ab 15 Euro *für eine Wasserpfeife*

TELEFON & HANDY

Aus dem Festnetz von Ägypten nach Europa zu telefonieren ist teuer, insbesondere von Hotels aus, die Fantasiepreise in Rechnung stellen. Roaming europäischer Netze funktioniert, es fallen jedoch hohe Gebühren an. Die heimische Mailbox solltest du daher am besten ausschalten. Günstig ist es mit Prepaidkarten. So kostet z. B. beim Anbieter Orange die Minute nach Europa ca. 20 Eurocent. Zum Surfen buchst du am besten eine Datenflatrate dazu. Da bekommst du etliche GB für ein paar Euro.

Die Landesvorwahl für Ägypten lautet 0020, für Deutschland 0049, für Österreich 0043, für die Schweiz 0041. Bei Anrufen aus Deutschland nach Ägypten bzw. umgekehrt entfällt die führende 0 der Ortsvorwahl.

TRINKGELD

In Restaurants und Cafés sind zehn Prozent der Rechnungssumme üblich. Gepäckträger bekommen etwa 40 £E, das Housekeeping 40 £E je Tag.

WÄHRUNG & ZAHLUNGSWEISEN

Das ägyptische Pfund (£E oder EGP) unterteilt sich in 100 Piaster (PT). Ein Euro entspricht etwa 30 £E; den aktuellen Wechselkurs kannst du bei Online-Währungsrechnern wie *oanda.com* abrufen. Bessere Hotels müssen in harter Währung (Euro, US$, Kreditkarte) oder in £E, dann aber mit Umtauschbeleg bezahlt werden. Banken und Wechselstuben tauschen die gängigen Devisen ein. Bewahr alle Umtauschbelege auf, damit ist ein Geldrücktausch möglich – falls die Bank überhaupt Devisen hat. An Automaten erhält man Bargeld mit Kredit- oder Girokarte. Karten werden auch in vielen Restaurants, Hotels und Geschäften akzeptiert. In die Oasen sollte man zumindest eine Bargeldreserve mitnehmen.

Tickets für Sehenswürdigkeiten können nur mit Kreditkarte bezahlt werden. Dies galt bei Redaktionsschluss für Ägyptisches Museum und Zitadelle in Kairo, die Pyramiden, Edfu, Kom Ombo, Abu Simbel und alle Sehenswürdigkeiten in Assuan. Die übrigen Monumente folgen, Ticketautomaten sollen sukzessive vor Ort verfügbar sein. Die Buchungswebsite lautet: *egymonuments.com/locations*

NOTFÄLLE

DIPLOMATISCHE VERTRETUNGEN

– *Deutsche Botschaft (Sharia Hassan Sabri/Sharia Berlin 2 | Zamalek | Kairo | Tel. 02 27 28 20 00 | kairo.diplo.de)*

– *Österreichische Botschaft (Sharia Wissa Wassef 5/Sharia El-Nil | El-Riad Tower | Giza | Kairo | Tel. 02 35 70 29 75 | bmeia.gv.at/oeb-kairo)*

– *Botschaft der Schweiz (Sharia Abd Al-Khaliq Tharwat 10 | Downtown | Kairo | Tel. 02 25 75 82 84 | eda.admin.ch/cairo)*

GESUNDHEIT

Spezielle Schutzimpfungen sind nicht vorgeschrieben. Es ist ratsam, gegen Tetanus und Kinderlähmung geimpft zu sein. Malariaprophylaxe ist von Juli bis November für das Delta und die Oasen empfehlenswert. In ländlichen Gebieten besteht zudem das Risiko, sich mit Hepatitis A anzustecken. In stehenden Gewässern und im Nil kann man nicht baden: Bilharziose-Gefahr!

Iss nur geschältes oder gründlich gewaschenes Obst und Gemüse. Das Leitungswasser ist gechlort, zum Trinken besser Mineralwasser nehmen.

Die medizinische Versorgung in den Touristenorten und in Kairo ist ausreichend. Solltest du in der Wüste unterwegs sein, empfiehlt es sich, Desinfektions- und Schmerzmittel mitzunehmen. Behandlungskosten müssen bar bezahlt werden. Fast alle Medikamente sind frei erhältlich. Schließ am besten eine gute Reisekrankenversicherung ab.

NOTRUF

Polizei: Tel. 122 | Feuerwehr: Tel. 180 | Notarzt: Tel. 123 | Tourist Police: Tel. 126

WICHTIGE HINWEISE

MINEN

In Ägyptens nordwestlicher Wüste sowie an den Küsten des Roten Meers liegen immer noch Minen aus den Kriegen. Die Wege sollte man nie oder nur unter ortskundiger Begleitung verlassen, Warnschilder ernst nehmen, keine Absperrungen übertreten und im Meer nur an Stränden baden, an denen das Baden üblich ist.

SICHERHEIT

Es ist unerlässlich, dass du dich vor dem Urlaub gut informierst, ob es Einschränkungen bei Reisen durchs Land gibt bzw. ob du irgendwelche Sicherheitsvorkehrungen treffen musst. In Oberägypten zwischen Luxor und Assuan, am Roten Meer sowie im Südsinai (Sharm El-Sheikh, Dahab, Nuweiba) war die Lage zuletzt stabil, anders im Nordsinai, der touristisch unbedeutenden Mittelmeerregion um Al Arish. Aktuelle Informationen findest du auf *auswaertiges-amt.de*.

Auf Märkten und im Gewühl der Touristenbasare gilt: Vorsicht vor Taschendieben! Die Verbrechensrate im Land ist statistisch niedrig. In sehr seltenen Fällen wurden Ausländer in den letzten Jahren auf der Straße ausgeraubt.

WETTER IN HURGHADA

Hauptsaison
Nebensaison

	JAN.	FEB.	MÄRZ	APRIL	MAI	JUNI	JULI	AUG.	SEPT.	OKT.	NOV.	DEZ.
Tagestemperaturen	21°	22°	24°	26°	30°	31°	33°	34°	31°	29°	26°	23°
Nachttemperaturen	9°	10°	12°	16°	21°	23°	24°	25°	23°	20°	15°	12°
Sonnenschein Stunden/Tag	8	8	9	10	11	12	13	12	11	10	9	8
Niederschlag Tage/Monat	1	2	1	1	1	0	0	0	1	1	1	2
Wassertemperatur in °C	22	21	22	23	26	29	31	30	29	26	25	24

Sonnenschein Stunden/Tag   Niederschlag Tage/Monat   Wassertemperatur in °C

SPICKZETTEL ENGLISCH

NÜTZLICHES

Wo finde ich einen Internetzugang/WLAN?	Where can I find internet access/Wifi?	wär känn ai faind 'internet 'äkzäss/waifai?
Ich möchte … Euro wechseln.	I'd like to change … euro.	aid laik tu tschäindsch … iuhro
Ich möchte ein Auto/ein Fahrrad mieten.	I would like to rent a car/a bicycle.	ai wud laik tə ränt ə kahr/ ə 'baisikl.
Darf ich fotografieren?	May I take a picture?	mäi ai täik ə 'piktscha?
Fahrplan/Fahrschein	schedule/ticket	'skädjuhl/'tikət
Fieber/Schmerzen	fever/pain	fihvə/peyn
Apotheke/Drogerie	pharmacy/chemist	'farməssi/kemist
kaputt/funktioniert nicht	broken/doesn't work	'brəukən/'dasənd wörk
Panne/Werkstatt	breakdown/garage	'bräikdaun/'gärasch
Hilfe!/Achtung!/ Vorsicht!	Help!/Attention!/Caution!	hälp/ə'tänschən/'koschən

ZEIGEBILDER

ESSEN & TRINKEN

Die Speisekarte, bitte.	**The menu, please.**	Də 'mänjuh plihs
Messer/Gabel/Löffel	**knife/fork/spoon**	naif/fohrk/spuhn
Salz/Pfeffer/Zucker	**salt/pepper/sugar**	sohlt/'päppə/'schuggə
Essig/Öl	**vinegar/oil**	'viniga/oil
mit/ohne Eis/ Kohlensäure	**with/without ice/gas**	wiD/wiD'aut ais/gäs
Vegetarier(in)/Allergie	**vegetarian/allergy**	wätschə'täriən/ 'ällədschi
Rechnung/Quittung	**bill/receipt**	bill/ri'ssiht
Ich möchte zahlen, bitte.	**May I have the bill, please?**	mäi ai häw De bill plihs
bar/Kreditkarte	**cash/credit card**	käsch/krädit kahrd

ARABISCH SPRECHEN

Ja./Nein.	na'am/la oder: kalla	نعم/لا، كلا
Bitte./Danke.	min fadlak/schukran	من فضلك/شكرا
Entschuldigung!	'afwan	عفوا
Guten Tag!/Guten Abend!	sabba l-chair/masa l-chair	صباح الخير/مساء الخير
Auf Wiedersehen!	ma'a s-salama	مع السلامه
Ich heiße ...	ismi ...	اسمي
Ich komme aus ...	ana min ...	انا من
... Deutschland.	... almania	المانيا
... Österreich./Schweiz.	... al nimsa/swizera	النمسا/سويسرا
Ich verstehe Sie nicht.	ana la afhamuka [ki]	انا لا افهمك
Wie viel kostet es?	kam jukallif dhalika	كم يكلّف ذلك
Bitte, wo ist...?	'afwan aina ...	عفوا اين

1	wahid	١ (واحد)	5	chamsa	٥ (خمسة)	9	tis'a	٩ (تسعة)
2	itnan	٢ (اثنان)	6	sitta	٦ (ستّة)	10	'aschra	١٠ (عشرة)
3	talata	٣ (ثلاثة)	7	sab'a	٧ (سبعة)	20	'ischrun	٢٠ (عشرون)
4	arba'a	٤ (اربعة)	8	tamanija	٨ (ثمانية)	100	mia	١٠٠ (مئة)

URLAUBS FEELING

ZUM EINSTIMMEN & AUSKLINGEN

LESESTOFF & FILMFUTTER

DIE KAIRO-TRILOGIE

Das schönste und zeitlose Werk (2004) von Nobelpreisträger Naguib Mahfouz (1911–2006) dreht sich um Leben, Leiden und die Menschen in der Altstadt Kairos zwischen den Weltkriegen. Vielen der Protagonisten wirst du in Ägypten begegnen

IM TAXI: UNTERWEGS IN KAIRO

Chalid al-Chamissi hat 2011 im bitter bis witzigen Plausch mit Kairoer Taxifahrern den Irrsinn des ägyptischen Alltags aufgezeichnet, der zur Revolution führte. Zeitlos großartig!

DER JAKUBIJÂN-BAU

Der regimekritische – und verfilmte – Bestsellerroman (2002) von Alaa Al Aswany lässt kein Tabu aus: Korruption, Ehebruch, islamistischer Extremismus, staatliche Repressionen

DIE KAIRO-VERSCHWÖRUNG

In seinem Thriller (2022), bei den Filmfestspielen von Cannes für das beste Drehbuch ausgezeichnet, erzählt Tarik Saleh die Geschichte des Al-Azhar-Studenten Adam, der in Intrigen gerät, zum Geheimdienstspitzel wird. Den Film drehte Saleh in der Türkei; in Ägypten gab es keine Genehmigung

PLAYLIST QUERBEET

0:58

AMIR EID & HANI ADEL – SOUT EL HOREYA
Kein Revolutionsvideo wurde öfter angeklickt als „Die Stimme der Freiheit" der beiden Leadsänger der Bands *Cairokee* und *Wust al-Balad.* Gilt heute als zeitgeschichtliches Dokument

ARABIAN KNIGHTZ – EID FI EID
Das Trio gehört zu den ersten ägyptischen Hip-Hoppern – auf alle Fälle hörenswert

ABU FT. YOUSRA – 3 DAQAT
Sommer, Sonne, Flirt – der Hit von 2017 ist schon jetzt ein Evergreen

WARDA – BATWANES BEEK
Ein Klassiker: Auf fast jeder Party wird irgendwann die Bauchtanzhymne gespielt, und dann geht's ab!

CAIROKEE FT. SHAHIRA KAMAL – KOLO HAGA BETA'ADY
„Alles geht vorbei", heißt es in dem heiter-poetischen und sehr populären Song

Den Soundtrack zum Urlaub gibt's auf ***Spotify*** *unter* ***MARCO POLO*** *Egypt*

Oder Code mit Spotify-App scannen

AB INS NETZ

HURGHADABLOG.BLOGSPOT.DE
Unter dem Pseudonym Al Qamar, „der Mond", beschreibt eine in Hurghada lebende Deutsche amüsant und informativ, was sie im ägyptischen Alltag so erlebt – und das ist einiges, schon weil sie viel mit dem Rennrad unterwegs ist

PICTURE FISH
Du schnorchelst oder tauchst, aber was ist denn das für ein Fisch, den du fotografiert hast? Mit dieser App findest du's heraus; für iOS und Android verfügbar

EGYPTTODAY.COM
Kritische Reportagen und Artikel über Politik, Wirtschaft, Lifestyle, Kunst und Kultur: Die Online-Ausgabe von *Egypt Today,* einem der ältesten englischsprachigen Magazine in Ägypten, gibt es mit Verzögerung zur Druckausgabe

SELKET.DE
Wie liest man Hieroglyphen? Wie lebten die alten Ägypter, wer waren all ihre Götter? Welche Flüche gab es? Kaum eine Frage zum pharaonischen Ägypten, die diese spannende Seite nicht beantwortet

TRAVEL PURSUIT

DAS MARCO POLO URLAUBSQUIZ

Weißt du, wie Ägypten tickt? Teste hier dein Wissen über die kleinen Geheimnisse und Eigenheiten von Land und Leuten. Die Lösungen findest du in der Fußzeile. Und ganz ausführlich auf den S. 18–23.

❶ Wodurch wurde Jean-François Champollion berühmt?
a) Er baute den Suezkanal.
b) Er entdeckte das Grab Tut-anch-Amuns.
c) Er entzifferte die Hieroglyphen.

❷ Was kann schon fast jedes ägyptische Kind?
a) ein richtiges Auto fahren
b) Hieroglyphen schreiben
c) Bauchtanz

❸ Wie hieß der pharaonische Sonnengott?
a) Eon
b) Aton
c) Neon

❹ Wie viel Geld verdient ein ägyptischer Lehrer ungefähr im Monat?
a) 150 Euro
b) 700 Euro
c) 1500 Euro

❺ Was genau versteht man unter Bakschisch?
a) ägyptisches Marihuana
b) gebackenes Brot-Kebab
c) Trinkgeld

❻ Mit welchem Fest endet der Fastenmonat Ramadan?
a) Eid Al-Adha
b) Eid Al-Fitr
c) Sham el-Nessim

Lösungen: 1c, 2c, 3b, 4a, 5c, 6b, 7b, 8a–c, 9c, 10b, 11a, 12b

Ob sich oben im Bild die Hieroglyphe für Bier versteckt?

❼ Was ist Iftar?

a) ein jahrtausendealtes pharaonisches Zupfinstrument
b) das tägliche Abendessen im islamischen Fastenmonat Ramadan
c) Ägyptens größter Mobilfunkanbieter

❽ Was zählt zu den wichtigsten Devisenbringern Ägyptens?

a) Suezkanalgebühren
b) Gas- und Ölexporte
c) der Bade- und Kulturtourismus mit Pyramiden, Luxor und Rotem Meer

❾ Wenn ein Ägypter zu einem Mulid geht, dann geht er …

a) zu einem Kaffeesatzleser
b) zu einem Eselverkäufer
c) zu einem Heiligenfest

❿ Wie sieht das hieroglyphische Zeichen der Pharaonen für Bier aus?

a) wie eine Schaumkrone
b) wie ein Krug
c) wie ein Fass

⓫ Wer oder was ist Thanawiyya Amma?

a) das ägyptische Abitur
b) eine Heilquelle in der Oasenstadt Siwa
c) eine Tochter des Gotts Osiris, die die Ägypter bis heute wie eine Heilige verehren

⓬ Wer oder was ist Aa?

a) das traditionelle Autokennzeichen des ägyptischen Präsidenten
b) ein altägyptischer Schöpfergott
c) eine in der Wüste beheimatete, sehr seltene Adlerart

REGISTER

LOB ODER KRITIK? WIR FREUEN UNS AUF DEINE NACHRICHT!

Trotz gründlicher Recherche schleichen sich manchmal Fehler ein. Wir hoffen, du hast Verständnis, dass der Verlag dafür keine Haftung übernehmen kann.

MARCO POLO Redaktion • MAIRDUMONT • Postfach 31 51
73751 Ostfildern • info@marcopolo.de

Impressum
Titelbild: Ipet-resit, südlicher Harem des Amun, Sphinxallee (Look: R. Dirscherl)
Fotos: Huber-images: J. Busse (58/59), S. Cellai (32/33), G. Gräfenhain (2/3, 71, 72/73, 123), B. Grundmann (90/91), J. Huber (76), Ritterbach (136/137), J. Ritterbach (43), Schmid (Klappe vorne außen, Klappe vorne innen 1), R. Schmid (112/113, 146/147), R. J. Taylor (31, 51), J. Wlodarczyk (109); Huber-images/Picture Finders (6/7); laif: A. Akhtar (86), C. Boisvieux (74), Emmler (120), E. Gerald (49), S. Grandadam (84), Ch. Heeb (19), Hilger (23), Kirchgessner (20/21), M. Kirchgessner (30/31), Krause (63), R. Mattes (99), Ogando (134), A. Shabi (88), Tophoven (130/131); laif/eyevine/PAN Chaoyue Xinhua (132); laif/hemis.fr: Frumm (11); laif/Le Figaro Magazine: Martin (79); laif/robertharding: M. Runkel (94/95); mauritius images: I. Gavrilov (24/25), R. Hackenberg (9, 111), JIRI (12/13); mauritius images/age fotostock: W. Hamdan (38/39); mauritius images/Alamy (35, Dallet-Alba (66), eFesenko (Klappe hinten), E. Gerald (52), B. Grotting (126/127), HomoCosmicos (96), Ch. Stirling (8), vm2002 (26/27), J. Wlodarczyk (100//101); mauritius images/Alamy/Alamy Stock Photos: A. Zaid (80/81); mauritius images/Alamy/Alamy Stock Photos/ZUMA Press, Inc. (139); mauritius images/Imagebroker (124); mauritius images/imageBROKER: Schoening (56); mauritius images/Imagebroker/gourmet-vision (27); mauritius images/masterfile: J. Schlenker (107); mauritius images/Photononstop (45); mauritius images/Pixtal (14/15); mauritius images/United Archives: G. Dagli Orti (148/149); mauritius images/United Archives/INSADCO/Bilderbox (47); mauritius images/Westend61: H. Meyrl (118); L. Rauch-Rateb (151); C. Wiens (10)

21., aktualisierte Auflage 2024

Autoren: Lamya Rauch-Rateb, Jürgen Stryjak
Redaktion: Franziska Kahl
Bildredaktion: Gabriele Forst
Kartografie: © KOMPASS-Karten GmbH, A-6020 Innsbruck unter Verwendung von Kartendaten: © MairDumont, D-73751 Ostfildern (S. 36–37, 65, 128, 131, 135, Umschlag außen, Faltkarte); © KOMPASS-Karten GmbH, kompass.de unter Verwendung von © OpenStreetMap Contributors, osm.org/copyright (S. 40–41, 54, 60–61, 68, 75, 82–83, 85, 92–93, 102–103, 104, 114–115, 117)
Als touristischer Verlag stellen wir bei den Karten nur den De-facto-Stand dar. Dieser kann von der völkerrechtlichen Lage abweichen und ist völlig wertungsfrei.
Gestaltung Cover, Umschlag und Faltkartencover: bilekjaeger_Kreativagentur mit Zukunftswerkstatt, Stuttgart;
Gestaltung Innenlayout: Langenstein Communication GmbH, Ludwigsburg
Spickzettel: in Zusammenarbeit mit PONS Langenscheidt GmbH, Stuttgart
Texte hintere Umschlagklappe: Lucia Rojas
Konzept Coverlines: Jutta Metzler, bessere-texte.de

Printed in China

MIX
Papier aus verantwortungsvollen Quellen
FSC® C124385

MARCO POLO AUTORIN
LAMYA RAUCH-RATEB
Shopping gehört eindeutig zu ihren Schwächen. Nur fehlt ihrer DNA die Fähigkeit zum Feilschen. Die Folge: Unsere Autorin wird von den geschäftstüchtigen Basarhändlern immer wieder irgendwie übers Ohr gehauen – und das erstaunt, denn Lamya Rauch-Rateb, studierte Germanistin, ist in Kairo geboren und aufgewachsen. Seit 2001 lebt und arbeitet sie als Dozentin, Übersetzerin und Autorin in Deutschland.

BLOSS NICHT!

FETTNÄPFCHEN UND REINFÄLLE VERMEIDEN

ÜBERFLÜSSIGE DISKUSSIONEN FÜHREN

Es gibt Themen, über die man mit den meisten Ägyptern besser nicht zu diskutieren anfängt. Erklären zu wollen, warum du an keinen Gott glaubst, dürfte ebenso in die Sackgasse führen wie Versuche, die israelische Nahostpolitik gegenüber den Palästinensern zu rechtfertigen.

ALLEINGÄNGE UNTERNEHMEN

Unternimm Wanderungen und Touren nie allein ohne ortskundigen Führer. Dünen und Felsen sehen sich oft zum Verwechseln ähnlich, schnell verläuft man sich. Wenn du in der Wüste keinen Trinkwasservorrat dabeihast, kann das verheerende Folgen haben!

KORALLEN MITNEHMEN

Überall kann es passieren, dass dir Händler Korallen, die aus Riffen herausgebrochen wurden, ausgestopfte Tiere oder Artikel aus Elfenbein anbieten. Es ist streng verboten, Korallenriffe zu beschädigen, selbst Muscheln und Schnecken sammeln ist zum Schutz der Unterwasserwelt untersagt. Wenn du bei der Ausreise beim Gepäckscannen auffliegst, wird das echt teuer.

AUF SCHLEPPER REINFALLEN

Gerne sind's Taxifahrer, die dir ein ganz tolles Restaurant oder einen schönen Souvenirshop zeigen wollen – natürlich wegen ihrer Provision von 30 Prozent oder mehr. Die zahlst du mit, was auch die Vorliebe von Tourguides für Papyrusshops erklärt.

DELFINE BEDRÄNGEN

Schreite mit anderen Gästen ein oder melde Bootsführer, die Delfinschulen jagen. Im Wasser hältst du dich besser fern, wenn dort offenbar regelmäßig Fische mit Speiseabfällen angelockt werden. Das ist der Grund, warum es ab und an in Strandnähe zu bösen Begegnungen zwischen Haien und Urlaubern kommt.